HILDI HARI-WÄFLER

Felsig, karg und hoffnungsgrün

Hildi Hari-Wäfler

Felsig, karg und hoffnungsgrün

Eine Kindheit in Adelboden

Neufeld Verlag

Die Deutsche Bibliothek verzeichnet diese Publikation in der Deutschen Nationalbibliografie; detaillierte bibliografische Daten sind im Internet über www.ddb.de abrufbar

Umschlaggestaltung: spoon design, Olaf Johannson
Umschlagbild (oben): Photo Klopfenstein, Adelboden, www.photo-klopfenstein.ch: Die Scheune im Bärenschwand, wo die Verfasserin heute mit ihrem Mann lebt
Umschlagbild (unten): Privat: Wilhelm und Rosina Wäfler mit ihren Kindern beim Heuen, rechts die Verfasserin
Bilder im Innenteil: Privat; S. 158: Roland Nickel

Lektorat: Roland Nickel, Bahlingen am Kaiserstuhl
Satz: Neufeld Verlag
Herstellung: Bercker Graphischer Betrieb GmbH & Co. KG, Kevelaer

ISBN 978-3-937896-86-1, Bestell-Nummer 588 786

www.neufeld-verlag.de

NEUFELD VERLAG

Inhalt

Einleitung

Für einen Frühlingstag war es ungewöhnlich schwül in Adelboden. Vom Großlohner donnerten Lawinen ins Tal und in der Ferne ertönte ab und zu der Ruf des Kuckucks. Doch die junge Frau dort in der Oey, unterhalb des Dorfes, schien dies kaum wahr zu nehmen, so sehr war sie in ihre Gedanken versunken. Emsig verteilte sie mit ihrer Gabel Brocken um Brocken Mist aufs Land und zerkleinerte sie. Ihr Ehemann war schon vorausgegangen und hatte in regelmäßigen Abständen kleine Haufen Kuhdung auf das Feld gesetzt. Wo das Land flach war, erleichterte ihm eine Karre die Arbeit. An den steileren Hängen jedoch musste er den Mist in einer hölzernen Brente auf dem Rücken hinauftragen und auskippen.

Es blieb nicht viel Zeit, um die nötigen Arbeiten zu erledigen. Zum einen, weil auf einer Höhe von 1350 Metern über dem Meeresspiegel der eben erst erwachte Frühling sehr bald in den Sommer übergehen würde. Zum anderen, weil die Frau an diesem Tag immer öfter einen zunehmenden Schmerz in ihrem Bauch spürte. Das Kind in ihr drängte dem Licht der Welt entgegen.

Von Zeit zu Zeit hielt Wilhelm in seiner Arbeit inne und fragte seine Frau: „Rösi, wird dir die Arbeit nicht zu viel? Solltest du nicht aufhören damit und dir Ruhe gönnen?"
„Es geht schon", gab sie zur Antwort, strich ihre wilden, krausen Haare aus der Stirn und richtete ihre hochgewachsene Gestalt mühsam auf. „Ich will dir helfen, solange

es mir möglich ist.“ Nach Stunden intensiver Arbeit entschlossen sich die beiden schließlich zum Feierabend. Rösi ahnte, dass aus dem Feierabend wohl nichts werden würde.

Ihre Ahnungen gaben ihr Recht. An diesem Samstagabend, gegen 20 Uhr, gebar die 26-jährige Rosina ein Mädchen. Der anstrengende Arbeitstag der jungen Mutter, ihre erste Geburt und das fast vier Kilo schwere Kind machten die Geburt zu einem sehr mühsamen Ereignis. Vater Wilhelm nahm seine Erstgeborene freudig und behutsam auf den Arm, streichelte ihr vorsichtig mit der etwas rauen Hand über das Köpfchen und meinte: „Bist herzlich willkommen, mein liebes Mädchen. Schön, dass du da bist!“

Rosina lehnte sich erschöpft und zugleich erleichtert in die Kissen zurück. Eine Hildegard hätte es werden sollen, doch erinnerte der Name zu sehr an das Deutschland der Hitlerzeit. So wurde das Mädchen auf Vorschlag des Adelbodner Pfarrers Gelpke, der selbst ein Deutscher war, Hilda genannt. Es war der 4. Mai 1935.

Eine Adelbodner Familie

Bescheidene Anfänge

Als meine Eltern am 28. Oktober 1933 in der alten Dorfkirche von Adelboden ihre Ehe unter Gottes Segen stellten, war es ihnen damit ernst. Sie wollten für ihr gemeinsames Leben auf Gott vertrauen. Noch heute ist an ihrem einfachen Holzhaus der Satz zu lesen: „Wer Gott vertraut, hat wohl gebaut, im Himmel und auf Erden."

Die jungen Eheleute waren arm und brachten so gut wie nichts mit in die Ehe.

Mein Vater, Wilhelm Wäfler, hatte bis zu seiner Heirat zusammen mit seinem Zwillingsbruder den elterlichen Hof bewirtschaftet. Sein eigener Vater war schon früh, mit 48 Jahren, gestorben. So wurde nichts aus dem Traum des Sohnes, nach der Schulzeit eine handwerkliche Lehre zu ergreifen. Wie gerne wäre er Schreiner oder Zimmermann geworden, denn Holz faszinierte ihn schon immer. Auch Maurer wäre für ihn in Frage gekommen. Doch seine Mutter traf eine andere Entscheidung: „Lohn kann ich dir keinen geben, aber wenn du einmal heiratest, erhältst du einen Teil des Landes." Also arbeitete mein Vater bis zu seinem 28. Lebensjahr unentgeltlich zu Hause. Dann wurden die an verschiedenen Orten gelegenen Landstücke auf die beiden Brüder und die acht Jahre jüngere Schwester aufgeteilt. Das Land bot meinen Eltern die nötige Garantie, um Geld von der Bank für den Bau

Unser Wohnhaus in der Oey heute – nach mehrmaligem Umbau.

eines einfachen Holzhauses zu erhalten. Es wurde dicht neben der bereits bestehenden Scheune errichtet.

Meine Mutter, Rosina Wäfler, wurde 1909 unter dem Familiennamen Rösti geboren. Sie war die Älteste von sechzehn Kindern. Da es immer wieder schwierig war, eine so große Familie zu ernähren, verließ Rosina schon früh das Elternhaus, um an verschiedenen Orten im Unterland ihre Erfahrungen zu sammeln. Unter anderem verbrachte sie zwei Jahre im Welschland, je ein Jahr in Genf und in Cernier. Sie sprach fließend Französisch. Besonders während ihrer Zeit in Genf litt sie unter so starkem Heimweh, dass sie sich manchmal am Boden wälzte, um den Schmerz zu verarbeiten. Es waren die Berge, die ihr fehlten, und auch ihre Familie. In Genf musste sie während der Mahlzeiten alleine in der Küche bleiben. Wenn dann die Überreste der Speisen aus dem Salon kamen, wurde sie aufgefordert zu essen – aber nur so viel, dass für den nächsten Tag noch übrig bliebe. Dabei kam manchmal von den Köstlichkeiten ohnehin nicht mehr viel zurück. Im ländlichen Cernier fühlte sie sich jedoch wohl und fand dort eine Freundin fürs Leben.

Nach dieser Zeit kam Rosina wieder nach Hause und versuchte, der Mutter in ihrer großen Aufgabe beizustehen. Es dauerte aber nie lange, bis diese zu ihr sagte: „Rösi, such dir doch wieder eine Stelle, deinem Vater wird angst, wenn so viele zu Hause sind". In Weggis am Vierwaldstättersee erlernte Rosina den Beruf einer Wäscheschneiderin. Die Gegend gefiel ihr außerordentlich gut. Der See und die Berge hatten es ihr angetan. In der praktischen Abschlussprüfung schloss sie als Beste ab. Zurück in Adelboden, wurde sie dann vom Leinenhaus Maertens angestellt, bediente im Laden, nähte aber zur Hauptsache auf Bestellung der einheimischen Kunden und der Gäste. Außerdem konnte sie junge Frauen im Nähen ausbilden.

Auch als verheiratete Frau nahm sie Aufträge entgegen, fertigte Kleidungsstücke an oder nähte Aussteuerwäsche für Bräute. Oft saß sie tagelang an ihrer Tretmaschine – neben all der Hausarbeit, die erledigt werden musste. Es war jedoch keine Arbeit, die großen Gewinn einbrachte. Für ein Herrenhemd mit Kragen schnitt sie am Morgen den Stoff zu nach Muster, nähte dann die Teile zusammen und bis zum Abend waren auch die Knopflöcher in feinster Handarbeit ausgeführt. Für ihr Tagewerk erhielt sie dann gerade einmal zwei Franken fünfzig Rappen. Immer wieder musste sie auch anstelle von Bargeld Naturalien annehmen: Käse, Milch, Eier oder ein Stück Fleisch. Dann

Rosina Wäfler-Rösti mit Willi und Hildi (stehend).

Hildis erster Geburtstag am 4. Mai 1936.

entsprach ihr Tageslohn etwa acht Litern Milch oder fünf Kilo Brot.

Nach der Hochzeit meiner Eltern dauerte es keine zwei Jahre, bis aus dem Ehepaar eine Familie wurde. Im Mai 1935 wurde ich geboren, gut ein Jahr später kam mein Bruder Wilhelm Junior, genannt Willi, zur Welt.

Mitten im Heuet, am 30. Juli 1936, hielt er seinen Einzug in der Oey. Die Hausgeburt verlief nicht ohne Schwierigkeiten und zog sich lange hin. Schließlich konnte auch er freudig begrüßt und willkommen geheißen werden. Ein männlicher Stammhalter zählte damals für bäuerliche Verhältnisse fast doppelt so viel. Der Hausarzt riet meinen Eltern jedoch, in Zukunft besser auf weitere Kinder zu verzichten. Das war ein gut gemeinter Ratschlag, allerdings gab er keine konkreten Hinweise, wie dieser zu befolgen sei. Empfängnisregelung und Familienplanung waren damals noch kaum ein Thema.

Willi war ein zartes Kind. Leider konnte ihn Mutter nicht stillen und Geld für Babynahrung war auch keines da. So wandte Rosina alle Künste an, um die Kuhmilch einigermaßen erträglich für ihren Sprössling zu machen. Als die Anfangsschwierigkeiten überwunden waren, entwickelte Willi sich allmählich zu einem gesunden, lebhaften Buben.

Nicht aufgeben

In den ersten Jahren waren die finanziellen Verhältnisse unserer Familie prekär. Oft sahen meine Eltern mit Bangen den Tagen entgegen, an denen der Pachtzins fällig wurde. Auch die Bank forderte pünktlich ihre Raten. So nutzte mein Vater jede Gelegenheit, um bei Straßenarbeiten, Baustellen, Bachverbauungen oder anderswo zusätzlich etwas zu verdienen. Er trotzte jedem Wetter, war ein beliebter Arbeiter, lernte schnell und begriff Zusammenhänge. Man merkte, dass er sich hier mit genau den Arbeiten beschäftigte, von denen er einst geträumt hatte. Das wirkte sich auch zu Hause positiv aus, indem er fortan sämtliche Reparaturen und kleineren Ausbauten selbst ausführen konnte.

Mein Vater war ein typischer „Rucksäcklibauer". So nannte man damals alle jene Bergbauern, deren Familien nicht allein vom Ertrag der Landwirtschaft leben konnten. Sobald der Winter vorbei war, packten sie ihre Verpflegung in den Rucksack und nahmen für kürzere oder längere Zeit jede Tätigkeit an, die sich ihnen bot. Natürlich war das nicht immer einfach. Gerade in der Zeit der

Rezession in den 1930er-Jahren war es nicht selbstverständlich, eine Anstellung zu finden.

Wenn die Männer im Tal oder auswärts unterwegs waren und Geld verdienten, lag die Hauptverantwortung für den bäuerlichen Betrieb auf den Frauen. Die schwersten Arbeiten wurden auf den Feierabend verlegt oder auf den freien Samstagnachmittag. Der Sonntag war dafür da, um für die kommende Woche aufzutanken und neue Kraft zu schöpfen für Körper und Seele.

Meiner Mutter fiel die Umstellung von der feinen Arbeit am Nähtisch auf das Bauern nicht leicht. So musste sie, die junge Schneiderin, von einem Tag auf den anderen das Melken erlernen. Zu der Zeit betreute Wilhelm während des Winters zusammen mit einigen anderen Männern die Eisbahn des Hotels National und kam deshalb nachts nicht heim. Fast jedes Hotel hatte damals seine eigene Eisbahn. Diese musste bei gewissen Minustemperaturen gespritzt und bei Schneefällen geräumt werden. Natürlich war Mutter sehr aufgeregt, denn von Hand melken will geübt sein. Es braucht nicht nur Kraft in den Händen, sondern auch Geschicklichkeit, eine gewisse Technik und vor allem Ausdauer. Nicht jede Kuh hält still – und schon gar nicht bei einer Anfängerin. Das erfuhr auch Mutter. So konnte es leicht geschehen, dass der Melkstuhl, auf dem sie saß, durch eine ungeschickte Bewegung der Kuh ins Wanken geriet und der Kessel mit der Milch umkippte. Oder Sie musste inkauf nehmen, dass der nasse Schwanz einer Kuh sie mitten ins Gesicht traf. Es verging einige Zeit, bis Rosina auf das gewohnte Quantum Milch kam. Durch Melkfett, das den Kühen an die Euter gestrichen wurde, heilten schließlich auch ihre rissigen Hände wieder.

Großmutter Marie Wäfler-Zurbrügg mit Willi und Hildi.

Während einiger Jahre hatten meine Eltern jedoch noch ganz andere Sorgen mit den Tieren im Stall. Auf unerklärliche Weise und ohne triftigen Grund wurde immer wieder eines der Tiere krank oder verlor eine Kuh ihr Kalb. Der Tierarzt hatte öfter in unserem Stall zu tun. Manchmal blieb nichts anderes übrig, als ein Tier zu schlachten. Das legte sich belastend auf die Gemüter. In diesen harten Jahren musste Mutter oft mit Tränen in den Augen die nötigsten Lebensmittel für den Haushalt beschaffen. Der Krämer schrieb geduldig auf, bis er irgendwann zu seinem Betrag kam. Später, als alles besser wurde, nahm sich Rosina vor: „Gerate nur nie wieder in eine solche Lage."

Die Schwierigkeiten dauerten einige Jahre und hörten dann plötzlich auf mit einer Kuh namens „Freude". Sie war durch Kauf in den Stall gekommen und sorgte für gesunden, meist weiblichen Nachwuchs mit großer

Milchleistung. Die Nachkommen der „Freude“ waren bei den Viehhändlern sehr begehrt.

Scheune in Flammen

An einem Vormittag im Juni kam Bewegung in die Bevölkerung von Adelboden. Das Feuerhorn ertönte an allen Ecken. „Es brennt! Es brennt!“, riefen die einen den anderen zu. „Ja, wo brennt es denn? Hier im Dorf kann es nicht sein, das müssten wir sehen.“ „Unten in der Oey, direkt unter dem Hotel *Nevada Palace,* steht ein Haus oder eine Scheune oder beides in Flammen. Genaues wissen wir nicht. Es muss bei Wäflers sein – nicht das alte Bauernhaus der Witwe, sondern die Gebäude des Sohnes Wilhelm, ganz in der Nähe.“ Auf dem Risetensträßli, nahe dem Dorf, sammelten sich bereits Neugierige. Die ersten Feuerwehrleute trafen ein, suchten in Eile den Wasseranschluss an den Hydranten, legten Schläuche und begannen zu spritzen. Das geschah innerhalb kürzester Zeit, trotz des hochgewachsenen Grases, das die Arbeit erschwerte. Es war glücklicherweise die Scheune, die lichterloh brannte. Die Feuerwehrleute spritzten auf die Scheune, jedoch nicht, um sie zu retten. Ihre Sorge galt dem Wohnhaus, das dicht daneben stand. Dessen Wände hatten sich bereits auf der dem Feuer zugewandten Seite von der Hitze schwarz verfärbt. So wurden auch auf sie Wasserschläuche gerichtet. Inzwischen warfen freiwillige Helfer den Hausrat planlos über den Sims der Laube ins Freie. Da lagen Bettwäsche, Bettgestelle, Matratzen, Kochgeschirr, kleinere Möbel, Kleider und viele andere Gegenstände wirr durcheinander im Gras und bildeten ein unglaubliches Chaos.

Als ich von der Schule kam, hatte ich bereits unterwegs etwas vom Brand vernommen. Mir bot sich ein Bild der Verwüstung. Von der Scheune waren nur noch Umrisse zu erkennen, ein hohles, brennendes Gerüst mit Teilen des Daches, der Wände und des Zwischenbodens. Mit fürchterlichem Krach stürzten einzelne Balken Funken stiebend zu Boden. „Gib acht, Hildi“, rief meine vorübereilende Mutter mir zu. „Halte dich fern von der Brandstelle; es ist viel zu gefährlich, in die Nähe zu kommen.“ Es blieb mir keine Zeit, die Frage zu stellen, wie so etwas nur passieren konnte. Auch im Wohnhaus gab es kein ruhiges Plätzchen für mich. Alles schien außer Kurs geraten, nichts funktionierte mehr wie früher. Trotz der vielen Leute um mich herum fühlte ich mich in diesem Moment einsam und verlassen.

Wie gut, dass es windstill war, sonst wäre es wohl um das Haus geschehen gewesen. Endlich, endlich schienen die Feuerwehrleute das Feuer im Griff und die Gefahr gebannt zu haben.

Der Rest der Scheune sank in sich zusammen. Glühende Überreste, bereit, beim leisesten Windhauch wieder in Feuer auszubrechen, ragten in die Luft. Ein flüchtiger Blick auf das, was übrig blieb, bestätigte: Da ist nichts mehr zu retten, nichts mehr zu gebrauchen, außer einigen angekohlten Balken, die eventuell noch als Brennholz verwertet werden können, und einigen Dachziegeln, die noch ganz sind.

Mein Vater arbeitete zu der Zeit in Kandersteg, im Nebental, als ihn die Nachricht erreichte: „Bei dir zu Hause brennt es!“ Er überlegte nicht lange, bestieg sein Fahrrad – mit Rücktrittbremse und ohne Gangschaltung – und sauste die kurvenreiche Straße hinunter in Richtung Frutigen. Dort legte er sich in die Pedale, um die gut 500 Meter Höhendifferenz bis nach Adelboden zu überwinden. Bei unserem Wohnhaus angekommen, stieg er atemlos von seinem „Göppel“. Er hatte die fast dreißig Kilometer, von denen die Hälfte ein steiler Aufstieg war, zurückgelegt, ohne einmal abzusteigen. Mit großem inneren Schmerz musste er sich vom Ausmaß der Katastrophe überzeugen.

Wie nur konnte dieser Brand ausbrechen? Mutter Rosina war für einen Augenblick außer Haus gewesen. Willi, dem es ohne seine Schwester, die vor kurzem die Schule begonnen hatte, wohl langweilig wurde, beschäftigte sich selbst in einem Nebenraum der Scheune. Da waren so viele interessante Gegenstände und Werkzeuge aller Art beieinander. Plötzlich fiel sein Blick auf einen Haufen Späne, die kürzlich aus der Sägerei geholt worden waren. Mit diesen würde es sich gut spielen lassen. Die mussten ja auch leicht brennen. Nur schnell sehen, wie das funktioniert. Zündhölzer waren in der Küche, etwas erhöht aufbewahrt, mit einem Stuhl erreichbar. Aus dem Spielchen wurde bitterer Ernst.

Mein Bruder erschrak heftig. Nie hätte er das Ausmaß seines Handelns erahnt. So schnell ihn seine kurzen Beine trugen, sprang er taleinwärts. Nur fort, fort von allem! Die kleine, rundliche Tresi, des Postgodis Frau mit dem lachenden Gesicht und den Grübchen in den Wangen, hielt den verängstigten Buben auf. „Willi, hast du es so eilig? Wohin willst du? Komm doch für einen Augenblick zu mir in die Stube. Ich habe gern Gesellschaft. Du hast sicher Hunger?“ Tresi war ohne Kinder geblieben, aber

Hildi und Willi vor dem Elternhaus.

liebte sie. Beruhigend sprach sie auf Willi ein und stellte ihm ein dick bestrichenes Butterbrot und eine Tasse Milch auf den behäbigen, schweren Tisch aus Eichenholz. Es war eine gemütliche Stube mit einem Trittofen, der im Winter herrlich wärmte und zum Sitzen einlud. Dicke, schwere Balken trugen die Decke. Kleine Fenster mit winzigen Scheiben erhellten den Raum. Rechts oben in der Ecke des Fensters stand mit Zierschrift auf der Scheibe geschrieben: „Anna Zürcher, geb. im Jahre 1759!"

Es war nicht leicht, Willi zum Reden zu bringen. Dicke Tränen rollten seine Backen herunter. Aus den paar Worten, die nur stockend über seine Lippen kamen, konnte Tresi sich einige unklare Zusammenhänge reimen. Sie war froh, ihn wenigstens hier in Sicherheit zu haben, und teilte dies Mutter mit, damit sie sich nicht noch

Hildi (etwa 12 Jahre alt) mit Cousin Hansjörg.

Willi und Hildi.

zusätzliche Sorgen zu machen brauchte. Was hätte wohl auf seiner Flucht alles geschehen können?

Es war klar, die Scheune musste so bald wie möglich wieder aufgebaut werden. Spätestens im Herbst sollte das Vieh darin untergebracht werden können. Das Heu der bevorstehenden Ernte konnte vorübergehend zu Zuckerstockförmigen Tristen aufgeschichtet werden. Es gab viele zusätzlichen Umtriebe, Abklärungen mit den Versicherungen, langwierige, Zeit raubende Aufräumarbeiten und Pläne für den Neubau.

Trotz allem atmeten alle erleichtert auf: „Wir hatten unerhörtes Glück. Der Bub ist mit dem Schrecken davon gekommen. Ihm ist glücklicherweise nichts zugestoßen. Wohl ist die Scheune total abgebrannt, aber das Wohnhaus erlitt keinen beträchtlichen Schaden. Die Hand des

Höchsten war über uns und bewahrte uns vor Schlimmerem." Die Eltern vergaßen nicht, ein herzliches Dankeschön zum Himmel zu schicken.

Fester Halt

Was meine Eltern in jenen aufregenden Jahren über Wasser hielt, war ihre Liebe zueinander, aber auch ihr unerschütterlicher Glaube an Gott. Meine Mutter hatte sich schon vor ihrem zwanzigsten Lebensjahr dafür entschieden, dass Jesus Christus der Herr über ihrem Leben sein sollte. Das war damals in einer Versammlung der Heilsarmee geschehen. Etwas später ließ sie sich in deren Reihen aufnehmen. Mein Vater kam erst durch Mutter mit dieser Bewegung in Berührung und traf als verheirateter Mann seine Entscheidung für Jesus Christus. Die Veranstaltungen der Heilsarmee fanden in Adelboden zunächst unter einem Zelt statt, später in dieser und jener Wohnstube, dann in einem gemieteten Raum des Restaurant *Ochsen* und seit 1949 im eigenen Haus am Ahornweg. Vor allem Mutter lehrte uns Kinder schon früh beten. Ihr bedeutete das Gebet sehr viel.

Ich selbst machte mit fünf, sechs Jahren meine ersten eigenen Erfahrungen mit dem Gebet. An einem kalten Winterabend sprang ich ohne Kappe draußen herum. In die warme Stube zurückgekehrt, spürte ich heftiges Ohrenweh. Spontan fing ich an zu beten und war dann doch etwas erstaunt, als die Schmerzen augenblicklich verschwanden. Dieses Erlebnis ermutigte mich, Gott immer wieder um Hilfe anzugehen, wenn eine Situation brenzlig wurde. Häufig antwortete er spontan. Später fand ich heraus, dass Gott nicht nur in Notsituationen da war. Auch in guten Zeiten teilt er sich uns Menschen mit.

Ferien im Engstligental

Ein Dorf wacht auf

Meine Eltern versuchten auf alle erdenkliche Art, ihre finanzielle Lage zu verbessern. Da der Fremdenverkehr den Menschen in Adelboden seit einiger Zeit ganz neue Möglichkeiten eröffnete, stellten sich meine Eltern die Frage, ob auch sie davon profitieren könnten.

Kurz nach der Jahrhundertwende, als Wilhelm und Rosina geboren wurden, war Adelboden daran, sich zu einem bedeutenden Kurort zu entwickeln.

Doch musste erst so manche schier unüberwindbare Hürde genommen werden, bis es so weit war. Der Weg vom unbekannten, weit abgelegenen, nur zu Fuß erreichbaren Ort im „Wald“ zuhinterst im Engstligental hin zum beliebten Kur- und Ferienort war weit.

Der Münster Pfarrer Karl Rohr aus Bern und seine Frau waren die Ersten, die Adelboden im Jahr 1872 für sich entdeckten. In den darauf folgenden Jahren verbrachte er seinen Urlaub mit seiner kinderreichen Familie im alten Haus des Lehrers Christian Hari auf dem Schlegeli. Der Fremdenverkehr hatte seinen Anfang genommen. Vorerst nur zur Sommerzeit, doch um die Jahrhundertwende wurde Adelboden auch dank des aufkommenden Wintersports international bekannt und begehrt. Von 1899 bis 1902 schossen sieben Hotels wie Pilze aus dem Boden. Im Tal veränderte sich einiges. Die Wirtschaft wurde angekurbelt. Eine mehrheitlich arme Bevölkerung von Bergbauern profitierte allmählich von neuen, zusätzlichen Verdienstmöglichkeiten.

Vor 1884 musste man einen vierstündigen Fußmarsch auf einem unwegsamen Pfad über Achseten hinter sich bringen, um Adelboden zu erreichen. Wegen dieser – besonders im Winter – schwierigen Wegverhältnisse hatte sich Adelboden bereits im 15. Jahrhundert von der Kirchgemeinde Frutigen getrennt. Die Verhandlungen für eine neue Straße nach Adelboden waren zäh und zogen sich über Jahrzehnte hin. Von den Behörden in Bern war zwar einmal versprochen worden, die Lage vor Ort in Augenschein nehmen zu wollen, doch noch sechs Jahre später hatte sich niemand hierher bemüht.

1884 war es dann aber so weit. Nach acht Jahren zum Teil sehr schwierigen Ausbaus konnte die neue Straße eröffnet werden. Vorerst wurde nur in den Sommermonaten eine Pferdepost in Betrieb genommen, ab 1890 das ganze Jahr hindurch. Diese mehrspännigen Pferdekutschen boten jeweils Platz für vier bis sechs Personen. Ab 1917, als mein Vater zwölf und meine Mutter acht Jahre alt waren, kam als große Neuerung der regelmäßige Automobilverkehr. Der war nicht in erster Linie für die einfachen Leute bestimmt, sondern für zahlungskräftige Gäste und betuchte Einheimische. Das gewöhnliche Fußvolk ging immer noch auf Schusters Rappen nach Frutigen und zurück. Zur Winterzeit mussten oft vorübergehend Pferdeschlitten als Ersatz einspringen, wegen der ungeheuren, kaum zu bewältigenden Schneemassen.

Die Reisenden erlebten von Frutigen her zunächst die beängstigende Enge des Engstligentales. Kurz nach Frutigen stieg das Land rechter Hand einige hundert Meter

Wilhelm und Rosina Wäfler mit Willi, Fredi und Hildi.

steil nach oben bis unter die Gipfel der Niesenkette. Wilde Bachtobel trennten die zahlreichen Spissen. Links von der Straße floss tief unten die Engstlige und auf der anderen Seite erhoben sich wieder steile Hänge bis unters Elsighorn, die vorwiegend mit dunkelgrünen, ernst wirkenden Rottannen bewachsen waren oder stotziges, steiles Weideland zeigten.

Auf halbem Weg nach Adelboden führte die Fahrt über den *Hohen Steg* auf die andere Talseite. Dies war eine Hochbrücke aus Holz, die später durch eine Eisenkonstruktion ersetzt wurde. Anschließend wand sich der Weg hinauf bis auf die Höhe des Hirzbodens, etwa sechs Kilometer vor Adelboden. Jetzt gab das Tal mehr und mehr den Blick frei auf eine wohltuende Weite mit ebenen Matten. Die fünf Täler von Adelboden, für jeden Finger der rechten Hand eines, waren dabei nicht alle gleichzeitig sichtbar.

Hinten im Tal sah man das Wahrzeichen von Adelboden aufragen, den 3225 Meter hohen Wildstrubel mit seinem ewigen Schnee. Die topfebene Engstligenalp davor mit ihren mehreren hundert Tieren, die im Sommer hier weiden, konnte nur erahnt werden. Von ihr gelangt man über den Kindbettipass und die Gemmi ins Wallis. Der Kindbettipass soll seinen Namen einer Walliserin verdanken, die hier beim Überqueren ihr Kind geboren hat.

Was beim Betrachten der Gegend des Engstligentales auf Anhieb ins Auge sticht, ist der weiß schäumende Wasserfall. Die gewaltigen Wassermassen stürzen sich in zwei Etappen rund 600 Meter in die Tiefe.

Vor lauter Schauen und Staunen kamen die Gäste schließlich mühelos, aber gut durchgeschüttelt nach unzähligen Kurven auf der 1353 Meter gelegenen Sonnenterrasse an. Nur wenige verstreute Häuser gehörten um die Jahrhundertwende zum Dorf.

Ferienwohnung Wäfler

Weil nun die Feriengäste immer zahlreicher nach Adelboden kamen, überlegten auch meine Eltern, ob sie das Interesse der Urlauber an einer passenden Unterkunft für sich nutzen könnten. Diese Frage wurde gründlich abgewogen.

Die Lage unseres Hauses war mit Blick auf den Wildstrubel und den Wasserfall einzigartig. Abends versetzten die glühenden Sonnenuntergänge und die wechselnden Stimmungen am Lohner und der Bonderspitze den Betrachter in immer neues Staunen. Die Umgebung war absolut ruhig. Vom Wohnhaus in der Oey führte ein steiler, acht-

Das Wohnhaus in der Oey mit Scheune und Hühnerhof.

zig Meter hoher Rain bis unters Hotel *Nevada Palace*. Vor dem Wohnhaus breitete sich eine lange, breite und ebene Wiese aus, an deren Ende einige Meter Abhang mit Bödeli, dem „Hangi", direkt zum Allenbach führte.

„Wo im Haus könnten wohl Feriengäste untergebracht werden?", war die Frage meiner Eltern. Das Haus war ja nicht sehr groß: Eine Zweizimmerwohnung im ersten Stock, unter dem Dach eine abgeschrägte, kleine Wohnung, die von einem kinderlosen Ehepaar bewohnt wurde, und im Parterre Waschküche, Keller und eine Bude für Vaters Arbeiten. Doch Mutter war ernsthaft entschlossen, die finanzielle Lage der Familie zu verbessern, und so wurde das Unmögliche möglich gemacht. Mutter setzte sich ein und war bereit, den Preis dafür zu bezahlen.

Heraus kam folgende Lösung: Im Winter wohnten wir als Familie im mittleren Stockwerk, im Sommer zogen wir in die unteren Räume um. Die Waschküche wurde notdürftig in eine Küche umfunktioniert und die Schreinerbude in ein Wohn- und Schlafzimmer verwandelt. Als unsere Familie später mehr Platz brauchte, musste auch die Remise in der Scheune als Schlafstätte herhalten.

Unsere eigentliche Wohnung wurde im Sommer vermietet – vorwiegend an Basler, Aargauer, Berner, Zürcher, Luzerner und ab und zu an Französisch sprechende Gäste. Mutter nähte weiße Bettwäsche, denn die weiße war damals sehr vornehm, im Gegensatz zu der eigenen bunt karierten. Sie legte großen Wert auf peinliche Sauberkeit, gestärkte Vorhänge an den blank geputzten Fenstern, saubere Böden, glänzend polierte Messingknöpfe am Kochherd, Blumen in den Kisten vor den Fenstern, einen Feldblumenstrauß auf dem Tisch. Alles sollte dazu dienen, den Gästen den Aufenthalt so angenehm wie möglich zu machen.

Mutters Anstrengungen lohnten sich. Die meisten der Ruhebedürftigen kamen gerne wieder. Sie empfahlen die Wohnung weiter und die Wochen im Sommer waren lückenlos besetzt, ohne große Werbung zu betreiben. So kam es zu langjährigen Urlaubern, die sich mit der Familie auch durchs Jahr hindurch verbunden fühlten. Ein Ehepaar aus dem Baselbiet schickte während vieler Jahre das von den Kindern oft heiß ersehnte Osterpäckli mit köstlichen Süßigkeiten. Es kamen Grüße zu Weihnachten und Neujahr. Ich selbst durfte einmal zehn Tage Ferien in der Stadt Basel verbringen bei Heidi, einem Mädchen ungefähr im gleichen Alter. Wie habe ich gestaunt über das Leben in der Stadt, den zoologischen Garten oder die Aussicht vom Turm des Basler Münsters aus über das

Häusermeer! Damals machte ich im Eglisee meine ersten Schwimmversuche. Noch heute bestehen Verbindungen zu der Tochter, die längst Großmutter ist.

Mit ihrer fließenden, schönen Schrift erledigte Mutter sämtliche Korrespondenz, denn zu jener Zeit kam das Telefon ja nur für Leute infrage, die es aus beruflichen Gründen benötigten, der Arzt, die Hoteliers oder mancher Gewerbetreibende. Diese waren meist auch im Besitz eines Autos.

Schon damals war es ratsam, die Verträge für Ferienwohnungen schriftlich zu bestätigen. Pro Nacht und Bett verlangte Mutter lange Zeit einen Franken, achtzig Rappen und für die Benutzung der Küche pauschal einen Franken und fünfzig Rappen pro Tag. Dazu kamen noch die Kosten für Holz und Strom nach Verbrauch.

Im Herbst, nach Wegzug der letzten Gäste, wurden die altvertrauten Räume wieder eingenommen. War das ein Fest! Jedes Ding erhielt erneut seinen Platz. Ein geregeltes Leben konnte beginnen. Wen wundert es, dass sich meine Mutter schon bald nach einem Ort sehnte, an dem sie bleiben konnte. Zu mühsam war der ständige Umzug.

Unterwegs

Große Leute, kleine Leute

Der Winter 1943 war hart und kalt. Auf den Auen lag sehr viel Schnee. Das Feuer spretzelte fast ununterbrochen im Holzofen. Für den Wintersport herrschten ideale Verhältnisse, doch unsere Familie im kleinen Haus in der Oey beschäftigte jetzt ein ganz anderes Thema. Schon seit einiger Zeit hatte Mutter uns zwei Kinder darauf vorbereitet, dass wir ein Geschwisterchen bekommen sollten. Unsere Vorfreude war groß.

Ende Februar war es endlich so weit. Adelboden war in jenen Tagen in Hochstimmung: Bei diesen guten Schneeverhältnissen und sonnigem Wetter wurden während einer Woche die Armeemeisterschaften des Militärs ausgetragen. Sogar General Guisan, der schweizerische Heerführer während des Zweiten Weltkrieges, erschien höchst persönlich auf der Zuschauertribüne, flankiert von Offizieren, Fahnen und Militärmusik. Im Dorf hatte man eifrig Vorbereitungen zu seiner Begrüßung getroffen. Die Straßen waren geschmückt worden und überall hingen Fahnen. Am Dorfeingang hatte man zu seinen Ehren Willkommensworte aus Tannenreisig angebracht, die er wahrscheinlich gar nicht zu sehen bekam. Er hatte sich auf direktem Wege zum Schauplatz der sportlichen Wettkämpfe bringen lassen.

Das Abfahrtsrennen wurde am steilen Hang des Chuenisbärgli ausgetragen, wo auch seit 1967 fast jedes Jahr die Weltcuprennen im Slalom stattfinden.

Kaum mehr als einen Kilometer von diesem bunten Treiben entfernt, gab Mutter am frühen Sonntagmorgen, dem letzten Tag im Februar, einem pausbackigen, gesunden Buben das Leben. Aus Leibeskräften fing er an zu schreien. Mein Bruder und ich schliefen nebenan und merkten nichts von alle dem. In der Nacht war die Hebamme gerufen worden. Zu Fuß hatte sie sich durch Schnee und Kälte gekämpft, um rechtzeitig da zu sein. Marie, eine von Mutters Schwestern, hielt sich zum „Abwarten“ bereit, hatte für heißes Wasser auf dem Holzherd gesorgt und saubere Wäsche bereitgelegt. Seit Willis Geburt waren fast sieben Jahre vergangen. Weil meine Eltern sich noch gut an die damaligen Worte des Arztes erinnerten, sahen sie dem Ereignis nicht ohne Bangen entgegen. Jetzt kam es zu einer komplizierten Entbindung, vor allem bei der Nachgeburt. Auch der Dorfarzt war am Ende seines Lateins.

Nachdem mein Bruder und ich am Morgen das Neugeborene bewundert hatten, wurde ich ins Dorf geschickt, um einen Schnuller zu besorgen. So stapfte ich gut zwanzig Minuten bergauf zum Krämer. Der Schnee knirschte nach der klaren, kalten Nacht unter meinen Füßen und mein Atem schien fast in der Luft hängen zu bleiben. Tausende von Schneeflocken glitzerten in der eben aufgegangenen Sonne. Der Krämer, ein liebenswürdiger älterer Mann, ließ sich gerne stören in seiner Sonntagsruhe. Er zeigte sich erfreut über die Neuigkeit, die ich ihm erzählte, und suchte im Lebensmittelladen unter dem Sortiment Kurzwaren nach dem Gefragten. Es dauerte nicht lange und ich rannte wieder bergab nach Hause. Dort herrschte trotz der Freude über die Geburt eine gedrückte Stimmung.

Einmal kniete Vater unverhofft neben mir nieder, nahm mich wortlos in die Arme und weinte herzzerbrechend. Es lag in der Luft, dass das Leben der Mutter an einem seidenen Faden hing. Schließlich mischte sich sogar noch das Militär ein, denn zwei oder drei Tage nach der Geburt lag auf dem Tablar in der Küche ein mit Kordeln verziertes Offiziers-Käppi. Ein Offizier, Frauenarzt von Beruf, war direkt von den Festlichkeiten gekommen, um sich um das Leben meiner Mutter und das Wohl der einheimischen Familie zu kümmern.

Kaum war er weg, erhielt ich den Auftrag, Eis zu besorgen. Das war leicht möglich, auch ohne Tiefkühlgerät. Mit einem kleinen Kessel und einem Hammer ausgerüstet, machte ich mich auf den Weg dem nahen Bach entlang. Nach mehreren hundert Metern fand ich, was ich gesucht hatte: einen zu Eis gefrorenen Zufluss des Allenbachs. Ich schlug die Eiszapfen herunter und trug sie im Kessel nach Hause. Die Kühlung half, Mutters Blutungen zu stillen.

Abschied für immer?

Die folgende Zeit war sehr kritisch und ungewiss. Eines Tages wurde ich zu Mutter ins Zimmer gerufen. Der Raum war leicht verdunkelt, auf dem Nachttischchen stand eine Azalee in voller Blüte. Es sollten wohl die Abschiedsworte meiner Mutter an ihre Tochter sein, verbunden mit einigen Anliegen und Ratschlägen. Das Bild steht mir noch deutlich vor Augen: Mutter lag bleich in den Kissen und fing mit leiser Stimme an zu sprechen: „Mein liebes Hildi ... ich muss Abschied nehmen von dir ... Ich bin mit meinen Kräften ... am Ende und gehe nun ... in den

Himmel. Stell' dich tapfer und ... steh deinem Vater bei ..., so gut du kannst ... Die Tante ... nimmt Fredi zu sich. Du kannst ... ihr bei der Betreuung ... helfen. Komm aber am ... Abend zu Vater ... und Willi nach Hause, damit ... sie nicht so alleine sind." Mir wurde das Herz zu schwer. Ich brach in Tränen aus und rief immerzu: „Du darfst nicht sterben, Muetti, du darfst nicht sterben!" Aus Rücksicht auf Mutter führte man mich aus dem Zimmer. Doch mein Entschluss stand fest: Ich würde noch viel mehr für meine Mutter beten! Sie selbst hatte doch so oft gesagt, dass man alle Dinge vor Gott bringen dürfe und ihm nichts unmöglich sei. Gott erhörte die Gebete. Nach Wochen und Monaten erholte sich meine Mutter langsam. Bis zum Sommer waren ihre Kräfte zum großen Teil wieder hergestellt.

Nomadenleben im Bärenschwand

Als das Heu endlich in der neu erbauten, geräumigeren Scheune in der Oey eingebracht war, konnte es losgehen. Die Eltern und wir Kinder freuten uns schon lange auf das Nomadenleben, das nun wieder vor uns lag. Mit Ferien konnten diese Wochen zwar nicht verglichen werden, doch es haftete ihnen etwas Abenteuerliches, Romantisches an. Mutter packte den Leiterwagen mit Decken, Kleidern, Kochausrüstung, Essgeschirr, Lebensmitteln und dem Nötigsten für das jüngste Familienmitglied, das gerade vier Monate zählte. Auch Fredi sollte in die Familientradition eingeweiht werden. In seiner zufriedenen, pflegeleichten Art war er ja kaum aus der Ruhe zu bringen. Unser Ziel war unsere Scheune im Bärenschwand. Da die beiden Kühe – später waren es drei – und das Kleinvieh den Sommer auf der Sillerenalp verbrachten, stand die Scheune leer. Das Gebäude mit einer Inschrift aus dem Jahre 1824 war von einem weiten, ebenen Landstück und dem hinter der Scheune ansteigenden Hügel umgeben. Auf gleicher Höhe und weiter oben standen einzelne Häuser, die nur zeitweise bewohnt waren. Nur in einem der Gebäude wohnte während des ganzen Jahres eine Familie. Im Frühling und Herbst diente das Land als Weide für das Vieh und musste im Sommer geheuet werden. Jetzt war der Stall gereinigt, mit Stroh belegt und mit Tüchern bezogen worden. Das sollte für die nächsten Wochen die Schlafstätte für die ganze Familie werden. Vater zog den Leiterwagen mit einer vollgestopften Hutte am Rücken. Wir Kinder trugen jedes sein Rucksäckli und Mutter folgte mit dem Jüngsten auf dem Arm. So ging es in gemäßigtem Tempo eine Stunde bergauf. In einer zweiten Fuhre kamen später die Hühner nach und alles, was wir noch vergessen hatten. Die Heuerwerkzeuge waren im Voraus hinauf gebracht worden. Oben angekommen, bestaunten wir die Berggipfel, die sich in ihrer ganzen Größe direkt vor unseren Augen ausbreiteten, das Albristhorn und das Gsür. Wenn wir uns umdrehten, sahen wir den Lohner und die Bonderspitze.

Hier oben war das Leben einfach. Gekocht wurde auf einer überdeckten Feuerstelle im Freien. Meist gab es Eintopfgerichte, womöglich mit einem Stück geräuchertem Speck oder gekochtem Schinken bereichert oder mit Eier und Käse als Ersatz. Das Jahr hindurch kam nur selten Fleisch auf den Tisch. Beim Heuen war jedoch kräftigere Nahrung angesagt.

Je nach Wetter blies der Wind den Rauch mitten ins Gesicht. Das führte zu feuchten Augen und Hustenanfällen. Frisches Wasser holten wir in Kesseln beim Brunnen.

Elektrischen Strom gab es nicht. Die Windeln spülten wir entweder im kalten Wasser oder kochten sie in einem Topf aus.

In der Hauptsache kümmerte ich mich um den kleinen Fredi. Daneben half ich aber auch beim Heuen und Kochen. Säuglingsbetreuung unter diesen Umständen, wie soll man sich das vorstellen? Die Not machte mich erfinderisch. Einmal kam meine Mutter dazu, als ich mein Brüderchen gerade auf den harten Heustoppeln wickelte. Voller Entrüstung rief sie: „Was kommt dir denn hier in den Sinn, Hildi? Das darfst du nicht tun! Denk dir, die Haut ist in diesem Alter noch sehr empfindlich." Für das nächste Mal suchte und fand ich anstelle der fehlenden Wickelkommode eine weiche Unterlage für den zarten Po. Aber vielleicht hat meinem Bruder diese herzhafte Behandlung auch gar nicht geschadet.

Ob wohl unter diesen harten Bedingungen die Voraussetzungen für den späteren Gebirgsgrenadier und Skimarathonläufer gelegt wurden? Viele Jahre später zeigte Fredi, dass er es bei Zeiten gelernt hatte, auch schwierigste Umstände auszuhalten. Gemeinsam mit seinem Freund „Loch-Peter" wagte er nämlich die Lohnerbesteigung im Winter, bei viel Schnee und eisigen Temperaturen. Ein waghalsiges Unternehmen, das noch lange für viel Gesprächsstoff in Adelboden sorgte.

Während der Wochen im Bärenschwand mussten wir uns jedenfalls immer wieder den Gegebenheiten anpassen und manches Mal schnell auf Unvorhergesehenes reagieren. Dazu brauchte es stets Offenheit für Neues, Fantasie und die Fähigkeit, zu improvisieren.

Feiertag

Bei schönem Wetter war der Aufenthalt im Bärenschwand idyllisch. Anders sah es aus, wenn es wie aus Kübeln zu gießen begann, der Nebel in Schwaden durchs Tal zog und die Temperaturen sanken. Da gab es kaum ein trockenes Plätzchen zum Essen und bei geschlossener Türe war es stockdunkel im Stall.

Die Mutter stellte in Aussicht: „Wenn es uns gelingt, vor dem 1. August (dem Schweizer Nationalfeiertag) den Hubel zu heuen, tragen wir Holz für ein Feuer zusammen.“ Das war ein Zückerchen, das sich keiner entgehen lassen wollte, und jeder gab sein Bestes. Am Tag selbst wurden liegengebliebene Äste aus dem nahen Wald und Holzabfälle, die niemand begehrte, zusammengetragen und aufgeschichtet. Groß und Klein beteiligte sich an diesem Gemeinschaftswerk und freute sich auf den Abend. Einige Male kam dieses Feuer zustande, weil es mit dem Heuen klappte. Vom Hubel aus, auf halber Höhe des Chuenisbärgli, bot sich eine wunderbare Rundsicht auf das Dorf Adelboden, das Tal, die Niesenkette, das Niederhorn und die hiesigen Berge. Nicht nur das eigene Feuer loderte lichterloh am ersten Augustabend; ringsum brannten zahlreiche Höhenfeuer. Von der Bonderalp waren Alphornklänge zu hören, auch Fetzen von der dem Fackelumzug voranschreitenden Blasmusik im Dorf. Voraus gab es ein gutes Picknick auf diesem einzigartigen Aussichtspunkt: Schinkenbrote, Tee und Früchte. Meine patriotisch veranlagte Mutter stimmte dann die damalige Nationalhymne an und alle sangen das „Rufst du, mein Vaterland“ mit. Bei der Strophe „Heil dir, Helvetia, hast noch der Söhne ja, wie sie Sankt Jakob sah, freudvoll zum

Streit …“ blickte sie voller Stolz auf ihre zwei strammen künftigen Streiter fürs Vaterland. Und dann zählte sie auf, wofür wir als Familie alles zu danken hätten. Sie benannte Dinge, die eigentlich selbstverständlich schienen, nicht aber für sie.

Hin und her

In jenen Wochen waren Ausflüge ins Tal hinunter unvermeidlich. Es brauchte Brot und anderes. In der Ferienwohnung gab es meistens an einem Samstag den Wechsel der Gäste. Meine Mutter hatte es deutlich formuliert, dass sie sonntags frei sein wollte von diesen Umtrieben. Der Sonntag war, wenn irgend möglich, für den Besuch des Gottesdienstes bestimmt. So wurde am Tag vorher alles geregelt, was geregelt werden konnte. Die Ferienwohnung musste geputzt, die Wäsche besorgt und die Miete abgerechnet werden. Die Koffer wurden im Handwagen zur Busstation ins Dorf gebracht und das Gepäck der neuen Gäste wieder mitgenommen. Auf Wunsch einzelner Familien wurden Brot und Milch im Voraus eingekauft und bereitgestellt.

Die Wochen im Bärenschwand konnten sich, je nach Wetter, in die Länge ziehen. Nicht, dass unsere Familie mit so viel Land gesegnet gewesen wäre. Nein, wir waren verpflichtet, gewissen Nachbarn ringsherum einige Morgen Heu einzubringen. Da mein Vater nie genug eigene Bergrechte zum Sömmern des Viehs auf Sillerenalp hatte, musste er die fehlenden Rechte von anderen Bauern erwerben. Anstelle von Geld zogen diese es vor, wenn Vater mit seiner Familie ein kleineres oder größeres Stück Land zum Heuen übernahm. All diese Abmachungen wurden damals wie heute an einem Freitag im Juni, an der Bergrechnung, getroffen. Für jede Kuh, die gesömmert wird, sind acht Geißen Bergrechte nötig. Da jede Alp ihren eigenen „Berg“ hat, müssen Silleren- gegen Lurnig-, Bonder- oder Tschentenberg ausgetauscht werden, bis die Rechnung aufgeht. Das ist der Tag, an dem die Bauern des Tales in ihren braunen Halbleinanzügen mit weißem Hemd und schwarzem Knopf oder Schlips erscheinen, andere in ihren Sennenkutten samt Käppi oder im „besseren Gewand“. Mein Vater ging stets schweren Herzens an die Bergrechnung und kam manchmal ganz deprimiert nach Hause. Er bangte, ob es ihm wohl gelingen würde, alle Tiere auf der Alp unterzubringen.

Ein tragischer Tod

Im November 1943 wurde mein Onkel Adolf Rösti, der sechste von insgesamt neun Brüdern meiner Mutter, zu seinem ersten Aktivdienst nach Absolvierung der Rekrutenschule einberufen. Samstags hatte er seine Lehre als Zimmermann beendet und war frohgemut nach Hause zurückgekehrt. In der Hand hielt er die Urkunde für die mit Auszeichnung bestandene Abschlussprüfung. Voller Stolz suchte Vater Rösti zwischen Hochzeitsfotos und Familienbildern nach einem Plätzchen an der Wand, um dieses Dokument aufzuhängen. Zwei Tage späte rückte Adolf in den Militärdienst ein. Es fiel ihm an jenem Montag sehr schwer, sich von Eltern und Geschwistern zu trennen. Auf dem Vorbeiweg verabschiedete er sich bei seiner Schwester Rosina, scherzte mit uns Kindern und stemmte den neun Monate alten Fredi einige Male hoch in die Luft. Dieser war voll dabei und krähte vor Freude. Mutter mahnte: „Nun müsst ihr aber gehen, Adolf, sonst verpasst ihr noch das Postauto.“ Und wirklich, als Adolf und sein Bruder Fritz, der ebenfalls ins Militär einrücken musste, an der Haltestelle in der Oey-Schützenbrücke ankamen, sahen sie das Postauto um die Kurve verschwinden. Sie hasteten die paar hundert Meter bis zu ihrem Elternhaus zurück, bestiegen samt Tornister und Gewehr die Velos und fuhren die sechzehn Kilometer lange, kurvenreiche und holprige Strecke bis zum Bahnhof Frutigen hinab. Dort erwischte Adolf gerade noch den Schnellzug ins Wallis. Am 23. November musste er mit seiner Kompanie der Gebirgsfüsiliere den Blasbodentunnel bei Hohtenn, zwischen Goppenstein und Brig, durchqueren. Da geschah das Unfassbare: Ein durchfahrender Zug riss fünf junge Männer in den Tod. Der 21-jährige Adolf war unter ihnen, nebst vielen Verletzten. Wie sich später herausstellte, hatte der Bahnhofvorsteher in Goppenstein den Kommandanten gewarnt, nicht durch den Tunnel, sondern außen herum zu gehen. Für die Zeit der Durchquerung sei ein Zug angesagt. Er bekam zur Antwort, dass sie ihren Aufgabenplan bis zu einem bestimmten Zeitpunkt zu erfüllen hätten.

Vor allem für meinen Großvater Christian Rösti war der Schmerz fast unerträglich. Wir erlebten das hautnah mit, denn unser Haus stand kaum 200 Meter vom Haus der Großeltern entfernt. Die Leiche wurde ins Haus gebracht und im verschlossenen Sarg aufgebahrt. Die Wachen lösten sich ab. Von der Militärkommission kam die strikte Anweisung, den Sarg nicht zu öffnen. Großvater plagten arge Zweifel: „Liegt wirklich unser Sohn zwischen diesen vier Brettern oder handelt es sich um eine Verwechslung?“ Er fand keine Ruhe. Ungeachtet des Befehls öffnete er den Deckel so weit, bis er den schwarzen Haarschopf seines

Sohnes erkennen konnte. Das Gesicht lag unter Verbänden. An den übereinander gelegten Händen war ein etwas gekrümmter Finger zu erkennen, ein untrügliches Merkmal für Adolf. Großvater war beruhigt und schloss den Sarg wieder. An der Beerdigung schritt das Musikkorps des Militärs den Sarg tragenden Soldaten voran bis zum Friedhof. Es folgten den militärischen Gepflogenheiten entsprechend Böllerschüsse und Fahnengruß. Der Prediger des Evangelischen Brüdervereins, dem Adolf als fröhlicher, überzeugter Christ angehörte, hielt eine auf Gottes Wort gegründete Predigt. Die Feier wurde von den Sängern des Chors mit wohlklingenden Liedern umrahmt.

Die neue Wohnung

Als der Winter vor der Tür stand, war es endlich so weit und die Ausbauarbeiten zu ebener Erde im Wohnhaus in der Oey konnten beginnen. Immer wieder setzte Vater seinen Meterstab an, notierte die Maße, rechnete aus, wie viel Holz er brauchen würde, und suchte dann seinen Cousin auf, den Schreiner Gilgian. Er konnte einiges mit ihm beraten und erhielt manch guten Ratschlag.

Die ehemalige Waschküche wurde mit einem Holzboden versehen. Der Raum erhielt eine Vertäfelung und Schränke an den Wänden, einen Kochherd mit Holzfeuerung und einen Ausguss. Als große Neuerung galt der Durchbruch der Mauer von einem Raum zum anderen. Man musste nicht mehr ins Freie, um ins Wohn- und Schlafzimmer zu gelangen. Auch dieser Raum, die ehemalige Werkstatt, erhielt ein neues Kleid. Eine Zwischentür trennte die Räume voneinander. Im Zimmer war ein großes Kinderbett untergebracht, das breite Bett für die Eltern, ein Wandschrank und ein Tisch. Darauf breitete Mutter ihre

Näharbeiten aus und schnitt die Stoffe zu. Wir Kinder nutzten ihn, um unsere Schulaufgaben zu erledigen. In einer Ecke neben dem Fenster stand die Adler-Nähmaschine. Wir größeren Kinder hatten unseren Unterschlupf in zwei kleinen Zimmerchen hinten am Haus, von außen zugänglich. Das galt auch für das Plumpsklo. In der kalten Jahreszeit wäre es niemandem in den Sinn gekommen, Lesestoff dorthin mitzunehmen. Die „Sitzungen" hier wurden aufs Minimum an Zeit beschränkt.

Auch wenn die Wohnverhältnisse eng waren, handelte es sich doch um eine dauerhafte Lösung. Die Familie musste nun nicht mehr den Platz für andere räumen. Für Mutter war dies eine wesentliche Erleichterung. Sie konnte jetzt ruhig der Ankunft der Sommergäste und den höchst gelegenen finanziellen Zustüpfen entgegensehen.

Ein Haus voller Leben

Unter dem Scheunendach in der Oey hatten im Sommer die Schwalben ihr Revier. Kunstvoll verstanden sie es, ihr Nest unter die Dachbalken zu pflastern. Ein Maurer hätte es nicht besser fertig gebracht. Sie mischten ihren „Beton" in den Wasserpfützen des Natursträßchens vor dem Haus. Als die Oeystraße asphaltiert wurde, verschwanden sie leider. Der Höhenflug der Schwalben war immer ein Gutwetterzeichen. Mussten sie allerdings knapp über dem Boden nach Mücken schnappen, konnte nicht mit gutem Wetter gerechnet werden.

Unter dem Dach des Wohnhauses zwitscherten die frisch ausgeschlüpften Rotschwänzchen. Nach einem langen, kalten Winter war es eine Freude, wenn die Boten aus dem Süden wieder den Weg in die alte Heimat und zu „ihrer" Familie gefunden hatten. Das Vogelpaar hatte während Wochen Federchen, Tierhaare, Wollfäden, Strohhalme und alles Mögliche zusammengetragen, um ein weiches Nest zu bauen. In aller Stille hatte das Weibchen seine Eier hineingelegt und ausgebrütet. Irgendwann war der vielstimmige Gesang des Nachwuchses zu hören, vor allem dann, wenn eines der Eltern mit einem fetten Bissen im Schnabel in Sicht war.

Oft durften wir Kinder staunend das Wunder einer Geburt im Stall miterleben. Stets waren Hoffen und Bangen damit verbunden. Auch der herbeigerufene Tierarzt konnte nicht immer helfen. Wenn ein Tierchen tot zur Welt kam oder nicht lebensfähig war, machte uns das immer sehr traurig. Früh schon wurde uns Kindern bewusst, dass die Tiere nicht nur zum Spielen und Liebhaben da waren, sondern dass die Existenz unserer Familie von ihrem guten Gedeihen abhing.

Ebenso erlebten wir unsere Abhängigkeit vom Wetter, das nicht beeinflusst werden konnte. Regen zur rechten Zeit kam als großes Geschenk, aber auch eine Schönwetterperiode zur Zeit der Heuernte. Doch mussten wir auch mit Hagel und Schneefall im Sommer rechnen.

Ich erinnere mich noch gut an unsere Ziege. Sie stand in der hintersten Ecke im Stall und verhielt sich äußerst unruhig. Sie scharrte mit den Beinen, meckerte fast ununterbrochen und versuchte ständig, Streit anzuzetteln. Etwas konnte nicht stimmen mit ihr: Sie war bockig und musste gedeckt werden. Mein Bruder Willi unternahm schließlich den langen Weg, zuerst auf der Hauptstraße, dann auf einem Nebenweg in die Lische zu einem Bauern mit einem Bock. Das Tier im Zaum zu halten, war kein einfaches Unternehmen. Ziegen sind auch im normalen Zustand eigenwillig, neugierig und beständig darauf bedacht, auszureißen. Vorbeifahrende Autos machten die Sache nicht leichter. So musste er auf der Hut sein und all seine Sinne darauf konzentrieren, seine Mission bis zum Ende ausführen zu können. Der Heimweg war ebenso anstrengend. Dazu kam der durchdringende Geruch des männlichen Tieres. Der Gestank in den Kleidern verschwand erst durch ausgiebiges Lüften der Kleider oder durch Waschen. Wenn aber dann nach fünf Monaten ein herziges, schneeweißes Zicklein oder sogar zwei geboren wurden, war jede Mühe entschädigt.

„Kinder, schließt doch bitte die Türe zu!" Wie oft musste Mutter diesen Satz wiederholen. Ein Schritt aus der Küche und wir standen auf der Terrasse im Freien. Nur noch ein Grasband von drei Metern trennte das Haus vom Sträßchen, auf dem jeder Fußgänger vorbei musste. Allerdings sollte die Türe nicht ihretwillen geschlossen bleiben, sondern wegen der glücklichen Hühner, die einen sehr großzügigen Auslauf genossen. Für sie war die offene Türe stets eine direkte Einladung, nach eventuellen Brosamen unter dem Küchentisch zu picken. Da konnte es leicht geschehen, dass die eine oder andere ihre „Visitenkarte" fallen ließ, was dann jedesmal eine gründliche Reinigung des Bodens erforderte. Als für den Aufenthalt der Hühner im Freien eine bessere Lösung gefunden wurde, konnte das Plätzchen vor dem Haus mit selbst gezogenen Blumen bepflanzt werden. Spaziergänger blieben oft bewundernd stehen und warfen meistens auch einen Blick in die Küche.

Eltern und Kinder

In einem Spätherbst war der Zins für ein Darlehen fällig, das meine Eltern von meinen Großeltern erhalten hatten. So vieles war zusammengekommen an Verpflichtungen, an zusätzlichen Ausgaben. Vor dem Wintereinbruch brauchte es dringend warme Schuhe, Wolle für Pullover, Handschuhe, Strümpfe und Socken, Stoff für Skihosen, die alte Säge zum Holzfällen musste ersetzt werden. Die Eltern konnten rechnen, wie sie wollten – das Geld würde nicht für alles ausreichen. Es fiel Mutter schwer, ihrem eigenen Vater gegenüber zugeben zu müssen, dass sie nicht imstande sein würden, seinen Forderungen nachzukommen. Noch während sie mit mir über das Problem redete, klopfte es an die Türe. Großvater Rösti stand draußen in seiner hohen, hageren Gestalt. Mit einem verschmitzten Lächeln um die Mundwinkel reichte er Mutter ein Blatt Papier mit der Bemerkung: „Der Zins für mein Darlehen ist in diesen Tagen fällig. Hier habe ich die Rechnung dafür." Überflüssig, das zu sagen, dessen war sich Mutter schon lange bewusst. Es lag ja wie ein schwerer Stein auf ihr. Sie nahm den Zettel und fing an zu lesen: Rechnung für Darlehen: Franken soundso viel. Und jetzt traute sie ihren Augen kaum: Die Rechnung war zugleich Quittung, unterschrieben von ihrem Vater, Christian Rösti, und mit dem Datum versehen. War das Wirklichkeit? Hatte sie richtig gelesen? Ja, da stand es schwarz auf weiß. Es gab keinen Zweifel. Die Rechnung war bezahlt. Die Unterschrift ihres Vaters bürgte dafür. Eine Last fiel ihr vom Herzen. Als sie aufschaute und sich bedanken wollte, war Großvater bereits verschwunden.

Das war typisch Großvater. Er hätte nach dem Schulabschluss gerne einen Beruf erlernt, denn er war ein hochbegabter Schüler. Man erzählte, dass er oft unter dem Pultdeckel Bücher gelesen und dennoch immer prompt die richtigen Antworten auf die Fragen des Lehrers gewusst habe. Pfarrer und Lehrer hätten ihm angeraten, Theologie zu studieren oder Lehrer zu werden. Das kam jedoch nicht infrage. Er musste seine früh verwitwete Mutter und seine Geschwister unterstützen und Geld verdienen. Als junger Mann erledigte er verschiedene Aufgaben, unter anderem auch bei der Eisbahn. Einige Zeit arbeitete er in den Schiefergruben in den Spissen zwischen Frutigen und Adelboden – eine Beschäftigung, die manchen Arbeiter das Leben kostete, wegen den berüchtigten Schieferlungen. Als er dann bei der Automobilverkehr Frutigen-Adelboden AG eine feste Stelle fand, war das für seine eigene Familie ein Riesengeschenk. Jahrzehntelang war er Lastwagenbeifahrer und Magaziner. Am Bahnhof Frutigen holte er Gepäck und Lebensmittel ab und verteilte die Ware in die Hotels und Geschäfte in Adelboden. Er war bekannt als zuverlässiger, dienstbereiter und stets mit einer Prise Humor ausgestatteter Angestellter. So wurde er einmal in Frutigen gefragt, ob es Schnee habe in Adelboden. Seine Antwort war: „Oh, die wohlhabenden Pieren haben reichlich davon."

Großvater Rösti arbeitete gut 35 Jahre bei der Automobilverkehr Frutigen-Adelboden AG; sein Sohn und sein Enkel, die beide ebenfalls Christian hießen, taten es ihm später gleich.

Fast alle Brüder meiner Mutter konnten einen Beruf erlernen. Nur einer war durch eine heimtückische Krankheit im Kindesalter taubstumm geworden. In einer Schule für Gehörlose lernte er lesen, schreiben und die Zeichensprache, aber er musste später zu Hause beschäftigt werden im kleinen landwirtschaftlichen Betrieb und in der Schweinezucht, für die er zum größten Teil verantwortlich war.

Mit meiner Großmutter Rösti verbinden mich auch einige ganz besondere Erlebnisse. So fand an einem Morgen im März, am Ende der vierten Klasse, meine Aufnahmeprüfung für die Sekundarschule statt. Zusammen mit sechzig anderen Kindern aus dem Tal wartete ich gespannt und etwas aufgeregt, was auf mich zukommen würde. Aus drei verschiedenen Themen für den Aufsatz wählte ich: „Am Morgen vor der Schule“. In diesem Aufsatz kam Großmutters Geburtstag vor, denn ich hatte ihr noch vor Schulbesuch mit den ersten gepflückten Frühlingsblumen gratuliert. Das war möglich, weil sie ganz in der Nähe wohnte.

Wer war diese Großmutter? Ich versuchte, mir ein Bild von ihr zu machen. Im Vergleich zu ihrem Ehegatten war sie eine eher kleine, zierliche Frau. Mit ihrem freundlichen, gütigen Wesen war sie der ruhende Pol inmitten der lauten, quirligen Kinderschar. Man muss dabei bedenken, dass sie zu einer Zeit lebte, in der es weder elektrisches Licht noch Wasser im Hause gab. Mit einer Petroleumlampe wurde die Stube erhellt, in der die Kinder ihre Aufgaben machten. Musste ein Schnuller am Boden gesucht werden, fehlte das Licht auf dem Tisch und es gab laute Proteste. Das Wasser für Mensch und Vieh musste in Kübeln am Bach unten geholt und dann den steilen Hang hinaufgetragen werden. Die Arbeit schien Großmutter Rosina zeitweise fast über den Kopf zu wachsen, was ja auch nicht verwunderlich war. In heutigen Verhältnissen würde man einer solchen Zahl Kinder einige qualifizierte Helferinnen zuteilen. Großmutter behielt trotzdem den Überblick, nahm sich Zeit für einzelne Anliegen der Familie und wurde später von ihren Söhnen und Töchtern als die beste aller Mütter bezeichnet. Ihr Ehegatte Christian bezeugte ihr immer wieder mal, dass er sie liebe und es nie bereuen musste, sie zur Frau genommen zu haben. Nie hörte man Großmutter klagen oder abschätzig über andere reden. Ihr wohl einziger „Luxus" bestand darin, dass sie sich und auch ihren Besuchern eine Tasse echten Bohnenkaffee gönnte. Die Kaffeemühle zwischen den Knien eingeklemmt, mahlte sie die Bohnen jedesmal frisch von Hand. Sie war mit einer guten Gesundheit gesegnet. In ihrem langen Leben – sie starb im 80. Lebensjahr an Lungenentzündung und Altersbeschwerden – verbrachte sie keinen einzigen Tag im Spital. Sie durfte bis zum Ende in ihrem Haus bleiben und wurde von der jüngsten Tochter umsorgt.

In jüngeren Jahren wanderte sie anfangs Sommer über Berg und Tal und suchte sich ihre bestimmten Kräuter nach Pfarrer Künzles Büchlein. Das waren Schafgarbe, Silbermänteli, Thymian, Fünffingerkraut, Augentrost, Arnika und andere. In Stoffsäckchen hängte sie die Kräuter auf dem Estrich zum Trocknen auf und verteilte durchs Jahr hindurch großzügig aus ihrem Vorrat. Es konnte kaum ein Leiden genannt werden, für das sie nicht ein Kräutchen parat hatte.

Noch eine weitere Begebenheit kam mir in den Sinn, die Mutter mir erzählt hatte. Es war bei der Geburt des Zweitjüngsten, also des fünfzehnten Kindes, als die 19-jährige Tochter Rosina ungewollt Hebammendienste bei ihrer eigenen Mutter zu leisten hatte. Die „richtige" Hebamme war wohl benachrichtigt worden, aber noch nicht eingetroffen. Die Gebärende lag bereits in den Presswehen und eh sich Mutter versah, lag das Kind da. Ihr wurde angst und bange. Sie sah das viele Blut und mittendrin den zappelnden, immer noch mit der Mutter verbundenen Säugling. „Sie sterben mir beide", schoss es ihr durch den Kopf, „der Bub und die Mutter!" Die erschöpfte Frau gab ihrer aufgeregten Tochter ruhig Anweisungen, was sie zu tun habe: „Rösi, nimm starken, weißen Faden, am besten *Redlifaden* aus der Nähschachtel, und nimm eine Schere. Dann binde hier die Nabelschnur ab. Zieh den Faden fest zusammen und verknote ihn. Mit der Schere schneidest du die Nabelschnur durch." Mutter gelang es kaum, das Gehörte auszuführen, so sehr zitterten ihre Hände. „Wenn das nur gut kommt", dachte sie. „Ob es etwas ausmacht, dass ich mit schwarzem statt weißem Faden arbeite?" Nun war es höchste Zeit, den Bub an den Beinen aufzuheben und mit einem leichten Klaps auf den Po zum Atmen zu bringen. Kaum getan, schrie dieser aus voller Lunge. Was für eine Erleichterung! Er lebte! Mit einem müden Lächeln hieß die Großmutter ihren Sohn Ernst auf dieser Welt willkommen. Als die Hebamme eintrat, traf sie zwei etwas gestresste, aber glückliche und dankbare Frauen an; dazu einen über und über verschmierten Neuankömmling, der bereits ruhig seinem Erdendasein entgegen schlummerte.

Sie sprach sich lobend über Mutters geleistete Arbeit aus. Für sie selbst blieb noch genug zu tun.

All die Einzelheiten über meine Großmutter konnte ich freilich nicht in meinen Aufsatz einbringen. Die Zeit hätte niemals dazu gereicht. Als ich später vorne an der Wandtafel stand, klopfte es an der Tür. Während der Lehrer öffnete, konnte ich in aller Ruhe überlegen, wie viele Telefonstangen es braucht auf einer Länge von 250 Metern, wenn alle fünfzig Meter eine zu stehen kommt. Zum Glück fiel mir rechtzeitig ein, dass auch ganz am Anfang eine stehen muss ...

Am Ende hatte ich die Prüfung bestanden und freute mich darüber. Meine Eltern freuten sich mit mir, obwohl fortan weniger Zeit für mich bleiben würde, um zu Hause zu helfen. Außerdem kostete die Schule fünfzehn Franken pro Quartal. Meine Eltern brachten ein Opfer und ich rechnete es ihnen hoch an.

Sommer, Herbst und Winter

Die Heuernte

Wie jedes Jahr begann die Heuernte Ende Juni oder Anfang Juli. Wenn die Blumen im Gras verblüht waren und die Halme reif wurden, konnte mit dem Heuen begonnen werden. Das würde eine arbeitsintensive Zeit werden, in der jedes auf das andere angewiesen war und man sich als Familie näher kam.

Auf seinem Dengelstock sitzend, schlug Vater mit einem kleinen Hammer und in regelmäßigen Schlägen so lange auf das Sensenblatt, bis es messerscharf war. Am nächsten Morgen band er sich in der Dämmerung das Wetzsteinfass mit etwas Wasser und dem Wetzstein darin um die Hüfte oder hängte es hinten an seinen Gurt. Vor dem ersten Schnitt wetzte er die Sense und holte zum Mähen aus. Das saftige, taufrische Gras ließ sich zu Mahden zusammenschieben. Eine reihte sich an die andere. In gewissen Abständen, je nach Beschaffenheit des Bodens, hielt Vater inne und wetzte von Neuem. Steine im Gras konnten dem Klingenblatt arg zusetzen. Da nützte oft auch das Wetzen nichts mehr. Die Scharten konnten nur noch durch erneutes Dengeln ausgebügelt werden. Etwa eine Stunde später kam Mutter und zettelte mit ihrer Heugabel Mahde um Mahde. Sie warf die Büschel schüttelnd in die Luft, fing das auseinanderfallende Gras wieder auf und verteilte es gleichmäßig auf dem Boden.

Bei gutem Wetter brauchte es zwei bis drei Tage bis zum Einbringen in die Diele. In dieser Zeit musste das Heu mit dem Holzrechen zwei- bis dreimal gewendet und mit der Gabel neu gezettelt werden. Dann wurde es von beiden Seiten zu einer langen Schlange zusammengerecht, zu kleinen Heubündeln, den *Arfeln* verarbeitet, diese auf einem Heuseil zu einer *Burdi* aufgeschichtet, zusammengebunden und auf dem Rücken auf die Heubühne getragen. Das war Schwerstarbeit für die Männer. Unter der heißen Last rann der Schweiß in Bächen von der Stirn, wurden doch oft lange Distanzen auf steilem Land zurückgelegt. Die jungen und älteren Heuer zogen sich eine Art Kapuze über den Kopf, die aus Baumwolle oder Leinen genäht und um die Taille gebunden wurde. Diese Eintraghaube schützte sie vor Staub und Heublümt. Auf unebenem Gelände war es schwierig, das Gleichgewicht zu halten. Die Lasten wurden auf Kopf und Rücken ausbalanciert. Auf steilem Gelände blieb nichts anderes übrig, als Bergschuhe mit gutem Beschlag anzuziehen; trotzdem kam es manchmal zu unfreiwilligen Ausrutschern.

Willi und später auch Fredi wurden schon früh in die Geheimnisse des Mähens und Eintragens eingeführt. Es fiel ihnen oft schwer, bei Tagesanbruch um vier Uhr morgens mit dem Vater auszuziehen, um zu mähen. Noch bei Dunkelheit rief Vater: „Willi, wir müssen gehen“. Einige Zeit später rief er dann etwas energischer: „Mein lieber Willi, du solltest nun wirklich aufstehen, ich warte auf dich!“ Manchmal half die Aussicht auf eine kleine Belohnung, etwas, auf das er sich freuen konnte. Das verlieh ihm Flügel. Sie schritten dann nebeneinander her mit ihren Sensen, betrachteten den anbrechenden Tag, fragten sich, ob das Wetter wohl halten werde, und lauschten dem einsetzenden Vogelgezwitscher. Meinem Bruder gelang das Handwerk immer besser. Und wenn er Vaters Hand auf seinen Schultern fühlte und die Worte vernahm: „Das hast du gut gemacht, Willi, du bist mir eine große Hilfe. Was würde ich ohne dich tun?“, tat ihm dieses Lob gut. Was beim Heuen auf keinen Fall fehlen durfte, war der *Heuertee*. Er wurde aus einer Kräutermischung hergestellt und mit etwas Zucker, Zitronensaft oder Süßmost gewürzt. Kesselweise wurde davon hergestellt.

Bei einer Schlechtwetterperiode wurde das Heuen aufwendiger. Dann wurde das angetrocknete Gras auf Holzgestelle gelegt oder man formte von Hand am Boden kleine Heuhaufen zu runden Schochen. Das brachte zwar vermehrte Arbeit mit sich, doch wenn sich der Himmel aufhellte und das Heu neu gezettelt wurde, war es viel eher trocken genug, in die Bühne getragen zu werden.

Badevergnügen

Es war Samstagabend. Nach einem anstrengenden Tag mit Heuen hatte Mutter im Waschhafen, in dem sonst die Wäsche gekocht wurde, heißes Wasser gemacht, es in einen großen Zuber geleert, die Temperatur angepasst und die Kinder aufgefordert, sich eines nach dem anderen darin zu baden. Das war ein Vergnügen: nach dem vielen Schwitzen ein sauberes Bad. Dann war es Zeit fürs Bett. Willi machte sich mit einer Schere zu schaffen. Er saß auf dem Bettrand und schnitt sich die Zehennägel. Da kam es zwischen ihm und mir zu Neckereien, die in einen richtigen Streit ausarteten. Die Worte flogen hin und her und wurden immer heftiger. Ich gab meinem Bruder einen Stoß und Willi fiel mit seinem Knie direkt in die Klinge der Schere. Die Mutter vermochte die heftig blutende Wunde nicht zu stillen. Es blieb nichts anderes übrig, als zu vorgerückter Stunde den Bub auf den Zweiradkarren zu laden, die steile Straße hinauf zu ziehen und die Wunde vom Arzt nähen zu lassen. Sie heilte wieder, aber ein sichtbares Zeichen der Auseinandersetzung war geblieben.

Spielereien

Bei der vielen Arbeit in Haus, Feld und Stall waren die freien Stunden rar, aber es gab sie. Von gleichaltrigen Ferienkindern kam die Frage: „Kommt ihr mit uns spielen?" Da ließ sich Mutter erbitten, wenn nicht gerade eine dringende Arbeit anstand.

Die Natur bot uns viele herrliche Möglichkeiten. Manchmal flochten wir Kränze aus goldgelben Löwenzahnblüten und steckten sie ins Haar. Die klebrige, weißliche Flüssigkeit aus den Stielen blieb an Händen und Kleidern haften, doch der Schaden ließ sich später wieder beheben.

Bei Gewitter schwoll der Allenbach zu einer dunkelbraunen, schlammigen Masse an und trug Schwemmholz bis zu Baumstämmen und Felsmassen mit sich. Oft genug konnte ein Stück Land der Wucht nicht standhalten und wurde mitgerissen. Auch Bachverbauungen, die *Chrotten*, fielen der Naturgewalt zum Opfer und mussten ausgebessert oder neu erstellt werden. Bei schönem, ruhigem Wetter aber war das Bachufer ein unwiderstehlicher Ort zum Spielen. Wasser wurde zu Stauseen umgeleitet, Brücken darüber gebaut. Aus dem feuchten Sand entstanden mit Blättern und Blüten verzierte Torten für den Bäckerladen und anderes. Es wurde eifrig gekauft und verkauft, mit Steinchen bezahlt. Die Stunden verflogen bei solchen Spielen im Nu.

Gekaufte Spielsachen waren für uns Mangelware, dafür wurde unsere Fantasie umso mehr angeregt. Aus Strümpfen und Trikotresten entstanden Puppen. Ausgestopft und mit einem Gesicht und Haarzöpfen versehen, waren sie uns ebenso lieb wie eine makellose gekaufte.

Sobald im Frühjahr die Naturstraßen schneefrei waren, erinnerten wir Kinder uns an das beliebte Murmelspiel. Bei jeder Gelegenheit tauschten wir sie in allen Farben untereinander aus, auch in den Schulpausen. Oder wir schlossen kleine Wetten ab, um zu den begehrten kleinen, runden Kugeln zu kommen.

Bei guten Windverhältnissen stiegen im Herbst selbst gebastelte bunte Drachen in die Lüfte. Es wurde geeifert, welcher Drachen wohl am längsten oben bleiben würde.

Zum Herbst gehörte für uns natürlich auch der Jahrmarkt am ersten Donnerstag im Oktober, besonders wegen des *Märitbatzens* von den Eltern und vom Götti oder Gotte, falls sie in der Nähe wohnten; und wegen des schulfreien Nachmittags. Der Batzen reichte für einige verlockende Süßigkeiten und vielleicht für die Erfüllung von ein, zwei kleinen persönlichen Wünschen. Das war wirklich ein einmaliger Tag.

Schule im Grünen

Sekundarlehrer Hug verstand es ausgezeichnet, Naturkundestunden lebensnah zu gestalten. Er ging mit der ganzen Klasse nach draußen, um an Ort und Stelle die Pflanzen zu sichten, einzelne Exemplare mitzunehmen und nach einigen Tagen eine schriftliche Prüfung darüber zu machen. Ich hatte noch nie etwas gehört über das Insekten fressende Alpen-Fettblatt. Es wächst mit

Vorliebe im Moorgebiet, mit einer feinen, violetten oder weißen Blüte am langen Stiel, einer Orchidee ähnlich. Die schiffchenförmigen, am Rande etwas eingerollten, bleichgrünen Blätter erweisen sich als Fallen für Kleininsekten. An der Oberfläche sind die Blätter mit gestielten Fangdrüsen besetzt, die ein klebriges Sekret ausscheiden. Sobald sich ein Insekt darauf verirrt, rollt sich das Blatt ein. Da die Pflanze auf kargem Boden wächst, braucht sie das zusätzliche Eiweiß. Der Lehrer war gerade am Erklären. Da wurde es unruhig unter den Schülern. „Darf ich euch bitten, den Mund zu halten und zuzuhören? Der Nächste, der redet, geht zurück ins Schulzimmer und erledigt Strafaufgaben. Verstanden?" Und die Nächste war tatsächlich – Hildi Wäfler. Unbewusst waren mir einige Worte entwischt und stracks befand ich mich auf dem langen Rückweg zur Schule. Das war eine Schlappe, aber es gab nichts mehr daran zu ändern. Nicht am Unterricht teilnehmen zu können, war Strafe genug für mich. Und in Zukunft passte ich besser auf mein Mundwerk auf.

Es waren gute, bereichernde Jahre, die ich in der Sekundarschule erleben durfte. Es herrschte dank Lehrer Hug, dem Hauptverantwortlichen, eine sehr gute Disziplin. Wenn auch von ihm in den Mathematikstunden ab und zu Ausdrücke wie Quadratkuh und Kubikesel ausgeteilt wurden, war das nicht allzu ernst und zu persönlich zu nehmen. Jeden Morgen vor Schulbeginn kamen alle fünf Klassen zum Morgensingen zusammen. Da wurden erfrischende Lieder auswendig gesungen, wie: „Im Frühtau zu Berge" oder „All Morgen ist ganz frisch und neu des Herren Gnad und große Treu". Wir hatten ein ganzes Repertoire. Abgeschlossen wurde das kurze Innehalten mit einem

Sinnspruch oder einem Gebet; das gab dem beginnenden Tag ein gutes Gepräge und förderte auch das Gefühl der Zusammengehörigkeit.

Die Lehrer Christian Aellig und Max Hug setzten sich mit anderen im Tal tatkräftig für die Anliegen des Natur- und Heimatschutzes ein. So wurde Adelboden zum großen Teil vor üblen Auswüchsen in der Baubranche bewahrt. Auch Dank ihren Vorstößen brachten die Schüler Holztafeln an mit der Aufforderung: „Schützt unsere Alpenflora". Das war dringend nötig, denn die begehrten Blumen wie Anemonen, Alpenrosen, Enzian und vereinzelt Edelweiß wurden schachtelweise bis ins Ausland verschickt. Kartons mit aufgedruckten Bergblumenmotiven motivierten zum Versand.

Auch die Tierwelt lag Lehrer Hug am Herzen. Wir Kinder fingen an, die Augen offen zu halten. Wir beobachteten die Vögel, die im Winter am Futterbrett die Körner pickten, etwa die Buchfinken, die farbenprächtigen Dompfaffen oder die verschiedenen Meisenarten.

Beerenpflücken mit Nachspiel

In manchen Jahren gab es sehr viele Himbeeren und Heidelbeeren. Vier oder fünf Kilometer von unserem Haus, im Unterbirg nahe dem Wasserfall, stand ein Strauch neben dem anderen. Mit Milchkesseln und anderen Gefäßen ausgerüstet, zogen wir Kinder dann im Herbst los, um diese Köstlichkeiten zu sammeln. In einer Gegend wie Adelboden, wo kein Obst mehr wächst, waren diese Raritäten heiß begehrt. Schon die Pausenäpfel aus dem Unterland fanden im Winter großen Anklang und lieferten die begehrten Vitamine. An einem etwas trüben Tag gab Mutter mir ihre Armbanduhr: „Nehmt sie mit, damit ihr wisst, wann es Zeit ist, nach Hause zu kommen. Aber passt ja auf, dass ihr sie nicht verliert. Sie ist ein Geschenk, das euer Vater mir vor Jahren gemacht hat. Sie bedeutet mir viel." „Hab keine Angst, Mutter, wir passen gut darauf auf", gab ich ihr zur Antwort. Die Zeit verging sehr schnell. Wir Kinder durchstreiften die Sträucher kreuz und quer und häuften uns einen ansehnlichen Vorrat an, nahmen zwischendurch das *z'Vieri* ein und fanden immer wieder neue Beerenquellen. Das Laub war bereits bunt gefärbt und ein leichter Regen setzte ein. Es hatte keinen Sinn, weiter zu pflücken. So traten wir den Heimweg an. „Wie spät wird es wohl sein?" Ich griff in meine Tasche: „O Schreck! Die Uhr ist nicht mehr da!" Selbst eine gründliche Durchsuchung brachte sie nicht zum Vorschein. „Was machen wir jetzt? Ohne sie dürfen wir nicht nach Hause. Wir haben versprochen, sie nicht zu verlieren!" Wir entschlossen uns, zurückzugehen und sie zu suchen. Aber wo sollten wir beginnen? Wir waren an so vielen Orten durchgegangen. Das würde wohl ein hoffnungsloses Unterfangen sein. Wir fingen an, jedes für sich, im Innersten zu beten, ganz gleich wie die Chancen standen: „Lieber Gott, lenk unsere Schritte dorthin, wo die Uhr liegt. Es ist so schwierig, sie zwischen diesen bunten, nassen Blättern zu finden. Danke, dass du weißt, wo sie ist." Plötzlich hörte man einen Freudenschrei. Da lag sie tatsächlich am Boden, nicht ohne Weiteres sichtbar. Im richtigen Moment war mein Blick auf sie gefallen. Glücklich und ein wenig stolz kehrten wir um und gingen nach Hause. Dabei waren wir uns sehr wohl bewusst, wem wir zu danken hatten.

Sommerausklang

In den Herbstmonaten, wenn die Menschen im Unterland von Nebel oder einer Hochnebeldecke erzählten, genossen wir Adelbodner meistens den schönsten Sonnenschein und schauten nur auf jene graue Wolkendecke hinab. Die klare Weitsicht und die leuchtenden Farben dieser Jahreszeit luden noch einmal zu Bergtouren ein, für die bis dahin keine Zeit war. Wir Wäflerkinder unternahmen solche Ausflüge mit unseren Eltern nur selten. Ab und zu bot sich jedoch die Gelegenheit, mit Feriengästen unterwegs zu sein. Da staunten wir, was für Herrlichkeiten aus den Rucksäcken der Fremden hervorkamen, von denen auch wir profitierten. Sie teilten Traubenzucker, frische oder gedörrte Früchte, Tomaten, Brötli oder Schokolade mit uns. Später gingen wir mit erfahrenen Berggängern oder selbständig auf die Gipfel. Wenn das Ziel noch weit entfernt schien, die Sonne heiß vom Himmel hernieder brannte, der Schweiß unaufhörlich von der Stirne tropfte und sich die Müdigkeit bemerkbar machte, half der Gedanke: „Immer nur einen Schritt vor den anderen setzen; jeder einzelne Schritt bringt mich dem Ziel näher." Was für ein erhebendes Erlebnis, es dann endlich geschafft zu haben. Die Anstrengung hatte sich gelohnt. All die Bergketten und Täler, die sich vor den Augen ausbreiteten, entschädigten jede Mühe. Ein eigenartiges Gefühl, das eigene Tal so aus der Vogelperspektive betrachten zu können, aus einer gesunden Distanz, und sich vorzustellen, wie sich das Alltagsleben dort unten abspielt und man selbst bald wieder darin eingebunden sein würde.

Die Tage wurden kürzer, die Nächte kühler. Ab und zu legte sich schon der erste Frost aufs Land. Jetzt war es auch Zeit, um den restlichen Ertrag des Gartens in Sicherheit zu bringen.

Da waren einige Kohlköpfe und etwas Lauch. Beides wurde in einem mit dürrem Laub ausgepolsterten Loch im Garten vergraben. Manchmal gab es böse Überraschungen, wenn sich die Mäuse mit Lust über den Vorrat hermachten. Der Endiviensalat kam eingewickelt in Zeitungspapier in den Keller. Stundenlang wurde zugekaufter Kohl fein gehobelt, mit Salz in ein Holzfass geschichtet und zugedeckt. So stellten wir unser eigenes Sauerkraut her. Auch Bohnen aus dem Unterland, überbrüht und auf langen Fäden zum Trocknen aufgehängt, bildeten wertvolle Reserve für den Winter. In Flaschen warteten rohe Rhabarberwürfel oder auch Krautstiele aus dem Garten darauf, als Ergänzung zu Mahlzeiten gebraucht zu werden.

Zu den herbstlichen Arbeiten gehörte auch das Laub rechen. Die herabfallenden Blätter fanden in Jutesäcken Platz. Da war die Hilfe der Kinder gefragt. Es machte uns viel Spaß, durch Sprünge aus der Höhe in den zusammengerechten Haufen zu verschwinden. Das Laub gab Streu für die Kühe. Auch Tannenzapfen wurden für den Winter gesammelt und getrocknet, sie waren begehrt für das Anfeuern der Heizung.

Die restlichen Dahlien, Margeriten, Löwenmäulchen, Schafgarbe und andere Blüher im Garten band Mutter mit Tannenreisern zu bunten Sträußen zusammen. Willi und ich verkauften sie bei der Prämierung der Kühe auf dem Marktplatz. Mich kostete dies etwas Überwindung. Es fiel mir nicht leicht, zwischen den wild gestikulierenden, laut verhandelnden Bauern durchzuschlüpfen und ihnen meine Kreationen anzubieten, die man dann den bestplatzierten Kühen als Auszeichnung auf den Kopf band.

Kampf mit einer Gehörnten

An einem Tag im Herbst half ich meinem Vater im Bärenschwand. Das Vieh war von der Alp herunter gekommen, um das nachgewachsene Gras zu etzen. Die Kühe waren satt, wollten in den Stall und warteten darauf, ihre Euter erleichtern zu können. Vater hatte schon mit Melken begonnen und ich holte noch die letzte Kuh, eine Außenseiterin. Sie wollte unbedingt die Freiheit genießen, sah hier ein saftiges Kräutlein und dort einen Büschel Gras. Die Kuh war trächtig, erwartete im Laufe des Winters ihr erstes Kalb und brauchte deshalb noch nicht gemolken zu werden. Als ich mich ihr mit einem Stecken in der Hand näherte, kam sie in Kampfstellung auf mich zugesprungen. Ich sprang wie der Biswind davon, überschlug mich, schrie aus Leibeskräften und wehrte mich vor allem mit den Füßen gegen den Angriff der Gehörnten. Vater hörte zum Glück mein Geschrei und war umgehend zur Stelle, um mich aus der misslichen Lage zu befreien. Ich kam mit dem Schrecken davon, war aber von nun an sehr vorsichtig im Umgang mit Rindvieh. Die Kuh wurde ins Unterland verkauft, wo sie vorwiegend im Stall blieb.

Vor der Alpabfahrt durfte der Ertrag des Sommers, der Alpkäse, geholt werden. Die Laibe wurden auf einem Räf auf dem Rücken heruntergetragen, manchmal auch auf einem Horeschlitten ins Tal geschleift und nach Hause befördert. Diese „Ernte“ wurde sehr sorgfältig behandelt und in einem geeigneten Gaden oder einer Kammer aufbewahrt. Die Käselaibe mussten überwacht, von Zeit zu

Zeit mit einem Tuch abgerieben und auf die andere Seite gelegt werden.

Anbau im Bärenschwand

Zu einer Zeit, in der das neue bäuerliche Bodenrecht noch nicht in Kraft war, machte sich Vater ans Werk, um der Scheune im Bärenschwand einen kleinen Anbau zu verpassen. Er hätte ihn gerne größer gemacht, doch Mutter äußerte ihre Bedenken: „Denk an die Kosten, Wilhelm, mache die Räume nicht zu groß. Auch wenn du die Arbeiten selbst ausführst, bleibt immer noch sämtliches Material zu bezahlen. Dazu kommt ja auch noch eine einfache Möblierung." Vom Bau her war Vater an andere Maße gewohnt, da wurde großzügiger geplant und gebaut. Doch war er sich dessen bewusst, wie gut seine Frau die Finanzen verwaltete.

Zur Vorbereitung mussten Baumstämme gefällt, von Ästen und Rinde befreit und zur Sägerei transportiert werden. Dann wurde das Fundament betoniert. Unter Vaters Ausdauer und Fleiß entstanden zwei Räume: Eine Küche mit einem Gasherd, angeschlossen an eine Butangasflasche, und ein Zimmerchen mit ausziehbarem Doppelbett, einem Wandschrank und einem Klapptischchen. Unter dem Dach war Platz zum Schlafen für uns Kinder. Die Einrichtung mutete sehr bescheiden an, war aber für unsere Familie eine große Errungenschaft. Das elektrische Licht kam schon fast einem Luxus gleich. Wasser fehlte dagegen immer noch. Es konnte erst in späteren Jahren eingelegt werden.

Rückzug in die vier Wände

Wenn die Arbeiten im Freien abgeschlossen waren, setzte sich Mutter an ihre Nähmaschine. Zu lange hatte sie darauf warten müssen. Die Flickarbeiten waren zu einem Berg angewachsen. Es gab Bett- und Tischwäsche der Gäste auszubessern, Röcke und Schürzen durch Herablassen der Säume zu verlängern, die Hosen von Vater und den Buben zu flicken oder die schadhaften Stellen der Hemdenkragen nach hinten zu kehren. Wenn sich der Flickberg endlich abgetragen hatte, konnte sich Mutter Neuem zuwenden. Manchmal fand sie günstige Reststücke verschiedener Stoffe. Mit jedem Fetzen Stoff hatte sie ihre Pläne. Oft trennte sie auch gebrauchte Kleider auf und kreierte Neues daraus. Gegen Weihnachten gings ans Nähen von Geschenken für die eigene Familie und für die Patenkinder. Da entstanden Nachthemden, Blusen, Hemden für Ehemann, Söhne und Göttibub und viele andere Dinge.

Mutter war eine Frohnatur. Oft begleitete sie das Summen der Maschine mit dem Singen ihrer Lieder. Aus tiefstem Herzen kamen ihre Loblieder als Dank an ihren Schöpfer. Auch in den widrigsten Umständen fand sie Grund zum Danken. Sie lebte nach dem Wort der Bibel: „Am guten Tag sei guter Dinge und nimm den bösen Tag auch für gut“ (Prediger 7,10). Das war ihr Geheimnis. So gesehen gab es eigentlich nur gute Tage für sie. Natürlich musste sie sich in gewissen Zeiten dazu durchringen, das Gute zu sehen; dann etwa, wenn sie von heftigen Migräneschüben gepackt, manchmal einen oder im schlimmsten Fall sogar bis zu drei Tagen, ihre Arbeit kaum oder nur mit größter Mühe verrichten konnte. Vater und wir

Kinder fühlten uns an solchen Tagen hilflos. Wir versuchten, unser Bestes zu geben und etwa die Türen möglichst leise zu schließen. Wenn Mutter wieder ganz da war, atmeten wir alle erleichtert auf. Gerne hätten wir sie gebremst, wenn sie sich unserer Meinung nach dann wieder zu sehr auf die liegengebliebene Arbeit stürzte.

Vater war etwas ruhigerer Natur, aber er hatte Freude an seiner temperamentvollen Frau. Er konnte sie unverhofft in die Arme nehmen, ihr einige Komplimente machen und sie herzhaft auf die Wangen küssen. Das war für uns Kinder ein wohltuender Anblick – zu wissen, die Eltern lieben sich, auch wenn sie nicht immer gleicher Meinung sind. Das gab es ja auch ab und zu: Ein kleiner Wortwechsel kam zustande, beim Heuen vielleicht. Mutter war dafür, das Heu möglichst lange der Sonne auszusetzen. Vater, der die Lasten auf dem Rücken einbringen musste, wollte vorwärts machen oder sah ein Gewitter sich nahen. So gerieten sie vorübergehend aneinander. Sie hatten es sich aber zur Gewohnheit gemacht, „... die Sonne nicht über ihrem Zorn untergehen zu lassen“. Irgendwann, spätestens vor dem Einschlafen, wurde reiner Tisch gemacht.

Wunderbare Weihnachtszeit

Drei bis vier Wochen vor Weihnachten kam bei uns „Deck-Mädeli“ vorbei, ein nicht sehr großes, schlankes, aber tüchtiges Persönchen. Ihr kleiner Laden im Vorschwand ging wohl manchmal fast vergessen. So machte sie sich in der Adventszeit mit ihren Kerzen auf den Weg von Haus zu Haus. Sie war Vorbotin einer vor allem von den Kindern sehnlichst erwarteten Zeit. Ihre leuchtend roten, weißen oder bunt gemischten Kerzen für den Tannenbaum konnten von Kinderaugen nicht genug bestaunt werden. Reich wurde Mädeli nicht gerade bei dieser Tätigkeit. Es gab Jahre, da wurden die Lichter an Heiligabend nur bis zur Hälfte abgebrannt und an Silvester die andere Hälfte.

Frau Studer gehörte ebenfalls zu den Frauen, die in der Vorweihnachtszeit besonders beliebt waren. Auch sie machte in der Adventszeit die Runde von Haus zu Haus, indem sie ihre Lebkuchen aus der Bäckerei in einem großen geflochtenen Korb zum Kauf anbot. Da gab es verschiedene Sorten, große und kleine, viereckige und runde, mit Bernerbären aus Zuckerglasur oder anderer Dekoration. Es war Brauch, zu fast jedem Weihnachtspäckli einen Lebkuchen zu schenken, vor allem den Kindern und Patenkindern.

Frau Studer musste mit jedem Rappen rechnen. Sie führte auf der Fuhre einen ganzen Kiosk. Durch ein Fensterchen bediente sie die Kunden und konnte sich gerade noch umdrehen in ihrer hohen Bretterbude. Die Leute wunderten sich, wo sie wohl ihren Nachschub untergebracht hatte. In der Wintersaison gab es oft regen Betrieb durch Skifahrer vom Chuenisbärgli oder von Touristen, die zu Fuß unterwegs waren. Sie gönnten sich gerne eine Erfrischung bei der freundlichen Frau.

Zu den besonderen Höhepunkten im Dezember gehörte für uns die Weihnachtsfeier der Sonntagsschule. Gerade um diese Jahreszeit platzte sie aus allen Nähten. Die Teilnehmerzahl konnte leicht die Hundert übersteigen. Das stellte große Anforderungen an die Leiter und brachte sie manchmal fast an ihre Grenzen. Eifrig wurden Reime auswendig gelernt, Darstellungen und Lieder geprobt. Manches der Kinder fühlte sich in der eigenen Armut vom Jesuskind verstanden, das unter ärmlichen Verhältnissen zur Welt kam, ja nicht einmal eine Wiege hatte, in die es gelegt werden konnte. Mit Spannung erwarteten die Kinder das eigentliche Fest mit einem sorgfältig dekorierten Tannenbaum, vielen Kerzen dran und zahlreichen Zuhörern. Das Päckli für die Kinder am Schluss der Feier war nicht wegzudenken und wurde mit großer Freude entgegen genommen. Besondere Vorsicht war angesagt, wenn Geschirr eingepackt war. Ich machte damit so meine Erfahrungen. Zu Hause in der Küche wollte ich meiner Mutter den weißen, goldumrandeten Teller mit der Aufschrift „Weihnacht 1944“ zeigen. Ich hielt ihn hoch: „Schau Mutter, wie wunderschön dieser Teller ist. Einen so schönen habe ich noch nie gehabt.“ Kaum gesagt, lag er in vielen Stücken zerschlagen am Boden. Auch das gehörte scheinbar dazu.

Das *z'Nacht* an Heiligabend war etwas Besonderes, auch wenn es kein Drei- oder Viergangmenü war. Bei „Beck Aellig“, dem gemütlichen, kinderfreundlichen Mann, wurde ein Zopf, ein *Ziebel*, bestellt. Eine unserer Gastfamilien aus Basel hatte ihre Freunde im Oberland nicht vergessen und ihren Grüßen eine kleine Banknote beigefügt, „für einen Zopf“. Das Geld reichte für einen riesengroßen Zopf – und noch einiges dazu. Der Zopf bekam seinen Platz auf dem Schlitten und wurde sorgfältig von uns Kindern heimbefördert. Es kam auch mal vor, dass der Schlitten aus irgendeinem Grunde kippte und die kostbare Fracht aus dem tiefen Schnee gehoben und wieder aufgeladen werden musste. Zum Zopf gehörte Milchkaffee und als spezielle Beilagen Honig oder Melasse, Butter, etwas Salami, Traubensaft und selbstgebackene Bretzeli aus der *Pinte*, dem Milchkessel mit dem gut verschließbarem Deckel.

Nicht nur durchs Jahr hindurch, auch an diesem besonderen Abend sprach Vater das Tischgebet vor dem Essen. Anschließend las er dann mit bewegter Stimme die Weihnachtsgeschichte aus dem Lukasevangelium. In den ersten Jahren, als wir Kinder noch klein waren, mussten Fenster und Türen verdunkelt werden, denn es war Krieg in den Nachbarländern. Vor allem unsere Eltern waren sich bewusst, was für ein Vorrecht sie hatten, wenn auch bescheiden, immer noch genug zu essen zu haben und in geordneten Verhältnissen leben zu dürfen. Umso dankbarer stimmten sie in die altvertrauten Lieder ein. Mit der Zeit wurde der Gesang von meinem Bruder Willi auf seinem geliebten Blasinstrument, dem Cornet, begleitet und ich spielte dazu auf der Gitarre. Diese Musikinstrumente durften wir in der Heilsarmee kostenlos lernen. Mit einem Dankgebet schloss Vater dann den ersten Teil des Abends ab.

Irgendwann erhob sich Mutter. Sie musste für einige Augenblicke aus der Wärme der Stube hinaus in die winterliche Natur. Wenn sie Glück hatte, war der Abend klar, die Schneelandschaft vom Mond beschienen und die Sterne glitzerten am Himmel. Links vom Wildstrubel war ein großer Stern zu erkennen. „Seht, Kinder, dort steht der Weihnachtsstern, zwar ohne Schweif, doch seht, wie hell er leuchtet." Wir Kinder folgten Mutters Finger und ihren Ausführungen. In unserer Fantasie sahen wir die Hirten auf dem Felde, die Engel am Himmel und das Kind in der Krippe, von Maria und Josef umgeben. In der freien Natur fiel es allen leichter, das Geschehen auf Bethlehems Auen nachzuvollziehen, wenn auch die Temperaturen wohl ganz anders als die im Heiligen Land sein mochten.

In die warme Stube zurückgekehrt, begann der lärmige Teil des Abends, das Auspacken der Geschenke. Da ging es lebhaft her. Ab und zu musste Mutter warnen: „Nehmt euch doch Zeit, Kinder, reißt das Paket nicht einfach auf. Das Papier kann ich nächstes Jahr vielleicht noch brauchen und auch die Bändeli.“ Am Heiligabend genoss Vater seinen Platz auf dem Ruhebett. Von dort aus konnte er das ganze Geschehen überblicken und seine Schokoladetafeln büscheln, die er über alles liebte. Zufrieden meinte er dann: „So, das reicht mir bis zum nächsten Jahr um diese Zeit“. Bereits nach wenigen Tagen war sein Vorrat bedenklich zusammengeschrumpft.

Die Geschenke waren meist praktische Dinge für den Alltag. Manchmal auch etwas für den Wintersport – bunte gestrickte Handschuhe, Mützen oder Pullover mit gestickten Sternen. Oder es gab Schlittschuhe, die man an die Schuhe schrauben konnte, denn schließlich war Vater ja während mehreren Wintern auf der Eisbahn beschäftigt und brachte es fertig, einige Gratiseintritte einzuhandeln. Natürlich kamen auch die Wünsche nach eigenen Skiern. Anfänglich wurden sie von der Schule gemietet, zum Teil ohne Kanten, dann selbst angeschafft.

Skisport

Die Buben nutzten jede Gelegenheit, den steilen Hang hinter dem Haus hinunter zu sausen; anfänglich auf sehr primitiven Brettern mit Bindung aus Lederriemen und Schnallen zum Schließen hinten. Oft nutzten sie dafür die Zeit zwischen dem Versorgen des Viehs und der nächsten

Heugabe. Manchmal mussten die Kühe lange warten, bis ihr Nachschub kam. Nicht immer zur Freude von Mutter. Vor der einbrechenden Dunkelheit ergriff ihr Nachwuchs jede Minute, die es zu ergattern gab, um noch eine Abfahrt hinzu zu fügen. Beliebt waren auch Sprünge über selbstgebaute Schanzen. Natürlich wollte jeder den anderen übertreffen. Die Adelbodner Jugend hatte dafür ihre erwachsenen Vorbilder im Skispringen, in Abfahrt und Slalom. Einige dieser Größen brachten es immer wieder auf die Podestplätze bei verschiedenen Wettbewerben. Da war natürlich die Herausforderung groß, es ihnen gleichzutun.

Die Schülerrennen zählten zu den Höhepunkten im Jahr, nicht zuletzt wegen Wurst und Weggli, die es für alle gab, ob Teilnehmer oder Zuschauer. An einem Sprungwettkampf im neunten Schuljahr kam mein Bruder Fredi auf den ersten Platz, sein Cousin Christian auf den zweiten. Das Trainieren hatte sich gelohnt.

Schlachtfest

Ein Tag im Januar war für die jährliche Metzgete reserviert. Das Fleisch musste dann wieder bis zum nächsten Mal reichen. Das tote Schwein lag schon früh am Morgen in einem Holztrog und wurde mit heißem Wasser übergossen. Vorher war sein Blut in einem Kessel aufgefangen worden. Der „Störemetzger“ beherrschte sein Handwerk und gab Anweisungen, was zu tun sei. Viele Schüsseln und Zuber waren bereitgestellt, genügend heißes Wasser und saubere Tücher. Zuerst wurden die Borsten entfernt, dann der Leib halbiert und die Eingeweide herausgenommen und am Waldrand den Füchsen ausgelegt. Von den beiden Hälften gab es Speckseiten, Hamme, Bratstücke,

Wädli, der Grind, Brat-, Blut- und Leberwürste und anderes mehr. Speck und Hamme verbrachten einige Zeit im Salzwasser und fanden dann mit den Würsten zusammen in der Rauchkammer des Nachbarn Gödi Allenbach Platz. Blut- und Leberwürste waren zum sofortigen Gebrauch bestimmt. War das ein Fest! Mir blieben allerdings zeitweise die Brocken im Halse stecken, wenn ich an das Tier dachte, das ich eben noch gefüttert und gestreichelt hatte und das nun dieses Schicksal erdulden musste.

In Gedanken sah ich das Mutterschwein mit seinen rosaroten, samtweichen Ferkeln. Wild übereinander purzelnd oder unter den anderen durchkriechend, versuchten sie sich mit lautem Gequietsche einen Platz an der Mutterbrust zu ergattern. Gab das ein Gedränge, bis jedes seine Zitze erwischte oder warten musste, weil keine mehr frei war. Das führte zu neuem Gerangel. Im Wachstum Zurückgebliebene wurden von Mutter mit der Milchflasche aufgepäppelt. Wenn sich die schwere Muttersau auf die andere Seite legte, um neue Milchquellen zugänglich zu machen, war die Gefahr groß, eines ihrer Kinder zu erdrücken. So war es die Aufgabe meiner Eltern, sich die Tag- und Nachtwache zu teilen. Ein solches Wochenbett erforderte viel Kraft und brachte wenig Schlaf, denn tagsüber musste die gewohnte Arbeit ja trotzdem erledigt werden.

Aus dem Familienalbum

Ein Traum wird wahr

Es schien, als würde es mit unserer Familie langsam, aber sicher, bergauf gehen. Alle waren daran beteiligt. Mutter hätte es wohl so formuliert: „Wir spüren Gottes Gutmeinen über uns." Eine zweite Ferienwohnung konnte im Dachstock ausgebaut, eingerichtet und vermietet werden. Dank einem recht großen Bekanntenkreis fehlte es nicht an Nachfrage.

Dadurch rückte der Plan, den Mutter schon lange im Geheimen ausgeheckt hatte, in greifbare Nähe. Nur ihre treue Freundin vom Welschland, Tante Céline, wie wir sie nannten, wusste um den geheimen Wunsch, den Mutter hegte. Deshalb hatte sie, die im sozialen Bereich tätig und selbst nicht auf Rosen gebettet war, über längere Zeit Geld auf die Seite gelegt und es bei ihrem jährlichen Besuch in Adelboden ihrer Freundin heimlich zugesteckt. Mit dem zusammen, was sich Mutter erspart hatte, sollte es nun reichen. Als Mutter dann Informationen eingeholt und alle Details beieinander hatte, informierte sie die Familie: „Sobald wir mit dem Heuen fertig sind, werden wir uns auf die Reise begeben. Wir werden vier Tage unterwegs sein." Die Spannung wuchs ins Unerträgliche: Wir als Familie auf Reisen? Das war noch nie vorgekommen. Wohin sollte es gehen? Nun legte sie die Karten offen hin: „Ich möchte euch nach mehr als zwanzig Jahren den Ort zeigen, an dem ich eine so glückliche Zeit verbracht habe, in Weggis am Vierwaldstättersee. Dort ist der Strand voll blühender Rosen und vielen anderen Blumen in Anlagen. Es wird dort auch jedes Jahr eine junge Frau zur Rosenkönigin erkoren. Ich möchte das Haus wiedersehen, in dem ich von meiner lieben, alten Lehrmeisterin ausgebildet wurde. Sie hat mir das Schneidern beigebracht. Ob sie noch lebt und dort wohnt, ist fraglich, aber das Haus steht bestimmt noch. Wir werden eine Dampfschifffahrt machen auf dem mehrarmigen See, in dieser wunderbaren, abwechslungsreichen, selbst im Winter milden Gegend. Wir werden den Gletschergarten in Luzern besuchen, die Aussicht vom Bürgenstock aus genießen und den Pilatus mit der Zahnradbahn besteigen." Das war des Guten zu viel. Die Überraschung war perfekt. Die einzige Sorge war, ob das Wetter mitmachen, das Heu rechtzeitig eingebracht und die Reise vor Schulbeginn zustande kommen würde. Für Nahrung und Unterkunft würden wir nicht allzu viel ausgeben müssen, dessen war sich Mutter sicher. Wir würden uns von Proviant ernähren und zum Schlafen würde es bestimmt irgendwo einen Unterschlupf geben. Mutter war voller Tatendrang und Zuversicht; deshalb wagte sie das Experiment.

Mit dem Heuen klappte es. Der Himmel war uns gnädig. Und die Reise gelang. Alle Vorbereitungen waren getroffen worden, was an Kleidern, zum Schlafen und zur Verpflegung benötigt wurde. In jenen Tagen kam es unserer Familie zugut, nicht vom Luxus verwöhnt zu sein. Das alte Haus und die alten Straßen, von denen Mutter erzählt hatte, waren noch da, obschon sich einiges inzwischen verändert hatte und die derzeitigen Bewohner nichts wussten von der einstigen Besitzerin des Hauses. Unsere Mutter schwelgte in Erinnerungen. Im Vergleich zu Genf hatte sie hier eine wunderbare Zeit erlebt. Dann neigte sich der erste Tag langsam dem Ende zu. „Wo werden wir die Nacht verbringen?“, war die bange Frage.

Schlafen im Heu

Wir waren zu sechst – die fünf Mitglieder unserer Familie und Hansjörg, einer unserer Cousins, der ebenfalls dabei sein durfte. Es gab da Bauernhäuser, Scheunen, Stöckli‘s. Unsere Eltern begannen, bei den Häusern anzuklopfen und zu fragen, ob es wohl eine Möglichkeit zum Übernachten gäbe. Sie seien mit wenig zufrieden, ein Massenlager genüge. Man sei auch gerne bereit, zu bezahlen, was sich gehöre. Nicht jedermann war begeistert von einer solchen Anfrage. Man konnte ja nie wissen, worauf man sich da einließ mit diesen Fremden aus dem Berner Oberland. Das wurde nicht offen ausgesprochen. Es war schwer auszumachen, ob ein gewisses Misstrauen da war oder ob wirklich die Seuche in der Gegend unter dem Vieh der Grund für die eher abwehrende Haltung war. Mutter versuchte zu erklären, warum sie ein Nachtlager suchten. Die Adelbodner sprechen von den Fremden, die ihre Ferien bei ihnen verbringen, nun waren wir selbst zu Fremden geworden in der Innerschweiz. Doch Mutter ließ sich nicht entmutigen. Ihre Pläne durften nicht am Übernachten scheitern und sie war so überzeugt von der Gutmütigkeit der Leute in dieser Gegend. Nach drei, vier Absagen fanden wir wirklich einen Bauern, der auf das Unterfangen einging. Er hatte wohl Erbarmen mit diesen Fahrenden, Heimatlosen. In seiner Scheune war Platz für uns, es gab Heu genug und auch eine Ratte – oder waren es mehr als eine, die sich nachts herumtrieben? Vor dem Eingang konnten wir auf dem Abkocher – den wir mithilfe von gesammelten Verpackungen unzähliger Maggi-Produkte erwerben konnten – Wasser für Suppe und Tee kochen, auch Tee zum Mitnehmen am Tag. Vom Besitzer war uns eingeprägt worden, ja aufzupassen wegen der Feuergefahr. Das konnten wir gut verstehen, waren wir doch selbst „gebrannte Kinder" und hatten Erfahrung in dieser Sache. Der Bauer wollte keine Entschädigung annehmen für die drei Nächte. Ein kleines Dankeschön, ein Stück würziger Alpkäse für den zuvorkommenden Gastgeber, gehörte natürlich dazu.

Die Sonne zeigte ihr freundlichstes Gesicht. So wurden es unvergessliche Tage im Herzen der Schweiz. Auf uns Kinder übte vor allem der einzigartig gelegene See, von Bergen umgeben, große Anziehung aus. Die Dampfschifffahrten mit dem riesigen Räderwerk im Inneren, die weiß schäumende, erfrischende Gischt, die bettelnden Möwen, die vielen, sommerlich bunt angezogenen Fahrgäste, all das zog uns in seinen Bann. Wir kamen kaum aus dem Staunen heraus. Aber auch die Zahnradbahn auf die Rigi und den Pilatus und die Aussicht von diesen Höhen aus, der Spiegelsaal im Gletschergarten in Luzern, das bunte Treiben in der Stadt und als Überraschung eine kühlende Glacé zum Schlecken gehörten zu den einmaligen Erlebnissen. Noch lange zehrten wir alle von den Erinnerungen an jene Tage.

Gut informiert

Wenn Mutter gerade ins *Muurer Bletti* vertieft war, die dreimal wöchentlich erscheinende Volkszeitung für das engere Oberland, ließ sie sich kaum stören. Das Wichtigste in Kürze und die näheren Ausführungen dazu wollte sie sich nicht entgehen lassen. Es konnte einem ja nicht gleichgültig sein, was auf der Welt, in der Schweiz und im Tal geschah. So stand sie da, über den Tisch gebeugt und auf die Ellbogen gestemmt oder mit einer Hälfte auf der Tischkante sitzend, und war ins Lesen versunken. Wir Kinder merkten bald, dass wir leichtes Spiel hatten mit unserer Mutter, wenn sie sich über das Neueste auf dem Laufenden hielt. Wenn wir sie etwas fragten, gab sie entweder keine Antworten oder solche, über die wir lachen mussten. Manchmal auch war Mutter plötzlich mit allem einverstanden. Wir fragten scheinheilig: „Muetti, gell du bist ein Dummes?“ Ihre Reaktion: „Mmh, ja, mmh.“ „Gell, du bist ein ganz Dummes?“ „Ja, ja.“ Erst ein schallendes Gelächter vermochte sie aus ihren Gedanken zu holen. Wenn sie erfasste, worum es ging, lachte sie herzhaft mit.

Ich las auch gerne, doch fiel es mir oft schwer, meinen Lesehunger zu stillen. Ich musste mit etwas List meinem liebsten Hobby frönen. Da waren einmal die Sonntage da, vorausgesetzt, dass nicht ein Spaziergang oder Verwandtenbesuch angesagt war. Das ließ sich nur schwer umgehen. Regnerische Sonntage eigneten sich am besten zum Lesen; oder die Abende in meinem Zimmerchen. Das kam allerdings weniger infrage wegen Schlafmangel und erhöhter Stromrechnung. Tagsüber verschwand oft ein Buch aus der Bibliothek blitzschnell in meinem Schulranzen, wenn Mutter überraschend auftauchte.

Versöhnung

An einem Dienstagnachmittag machte ich mich parat für den kirchlichen Unterricht. Ich hatte gerade eine Meinungsverschiedenheit mit Mutter ausgetragen. Schwer zu sagen, was Anlass dazu gab. In meinem damaligen Alter brauchte es oft nicht viel dazu. „Schau noch in den Spiegel, bevor du gehst“, forderte Mutter mich auf. Ich warf einen Blick hinein und begegnete einem finster dreinblickenden Mädchengesicht mit dicken, schmollenden Unterlippen. Ein kurzer Abschiedsgruß und weg war ich. Während den zwei Stunden Unterricht mit Pfarrer Hans Schädelin veränderte sich jedoch mein Gesicht. Eine strahlende Tochter kam nach Hause zurück, entschuldigte sich bei ihrer Mutter und alles war wieder gut.

Ab und zu brauchten Vater und Mutter für Strafen ihre Hände, wenn es ihrer Meinung nach nicht anders ging. Meist musste das Hinterteil dazu herhalten. Die Mutter hatte noch eine andere Taktik, nachhaltig an Unrecht zu erinnern. Sie blieb einfach stumm wie ein Fisch. Ich konnte sie dann fragen, was ich wollte – doch ich erhielt keine Antwort; und zwar so lange, bis ich mich nach einer gewissen Zeit darauf besann, dass ich es ja selbst in der Hand hätte, die Zunge der Mutter zu lösen. Wenn dann der bestimmte, von der Mutter erwartete Satz über die Lippen kam, war der Bann gebrochen.

Vaters Mutter, Marie Wäfler oder Maji genannt, lebte seit dem frühen Tod ihres Ehemannes eher zurückgezogen. Sie kämpfte gegen traurig melancholische bis depressive Stimmungen, fühlte sich oft nicht wohl und musste das Bett hüten. Später teilte sie mit Sohn Christian und der Schwiegertochter den Haushalt. Sie war seinerzeit nicht begeistert darüber, dass ihr Sohn Wilhelm sich mit einer Frau aus einer so kinderreichen, ärmlichen Familie verheiratete. Doch dagegen war nichts zu unternehmen. Die

Liebe behielt das letzte Wort. Vater und Mutter bemühten sich trotzdem stets um ein gutes Verhältnis.

Nichts war Mutter mehr zuwider als Unfrieden. Sie war immer wieder bereit, den ersten Schritt zu einer Versöhnung zu tun, auch wenn dies nicht in erster Linie an ihr gewesen wäre. Als Großmutter Maji nach Jahren dem Tod nahe gekommen war, bat sie ihre Schwiegertochter Rosina, in ihr Haus kommen zu dürfen. Mutter war hocherfreut über diese Anfrage und nahm ihre Schwiegermutter mit offenen Armen auf, las ihr jeden Wunsch von den Augen ab und pflegte sie mehrere Wochen lang. Sie bereitete ihr oft ihre Lieblingsspeise zu, Ravenköch genannt. Es handelte sich um ein altbewährtes Adelbodner Gericht. Dazu wurden gelbe Bodenraven mit Kartoffeln zusammen gekocht und mit Mehlrost, Zwiebelschwitze, Milch, Butter, Salz und einer Brise Muskatnuss zu einer Art Kartoffelstock verfeinert. Die Speckwürfeli wurden jedoch aus Rücksicht auf die Kranke weggelassen.

Dieses gemeinsame Unterwegssein war trotz der erschwerten Umstände eine glückliche, versöhnliche Zeit. In den letzten Tagen bemerkten die Angehörigen, dass sich Großmutter Maji ihrem Ziel näherte. Sie reckte ihre Arme und Hände nach oben – als wollte sie sagen: „Ich nahe mich der Stadt, die Gott zur Sonne hat. Die Ewigkeit bring ich dort zu, kein Feind stört meine Ruh." So durfte sie im Frieden hinübergehen, nach einem langen, entbehrungsreichen Leben.

Genug zum Leben

Mein Vater legte Wert darauf, sobald er mit Heuen fertig war, wieder „an die Arbeit" gehen zu können. Als ob er zu Hause nicht auch gearbeitet hätte – nur, dass es keinen direkten Lohn dafür gab. War er einen Tag auf dem Bau, konnte er am Abend Stunden aufschreiben; Stunden, die mit 95 Rappen entschädigt wurden. Später stieg der Lohn auf einen Franken und dann sogar auf einen Franken und 5 Rappen. Vater war stolz, selbst verdientes Geld nach Hause bringen zu dürfen.

Zu Bargeld kamen wir auch bei einem Kuhhandel, was aber selten genug vorkam. Dann schienen die finanziellen Belange für einige Zeit gedeckt zu sein, aber schnell sorgten die täglichen Bedürfnisse dafür, dass kaum etwas davon übrig blieb. Da wurde Vaters Stimme laut: „Wo ist wohl all das Geld hingekommen, das eben noch vorhanden war? Jetzt ist so gut wie nichts mehr da."

„Ja, mein lieber Wilhelm, das stimmt", schaltete sich Mutter dann ein, „aber du vergisst, was alles zu erledigen war. Der Zins musste bezahlt werden, das Schulgeld war fällig, fürs Schulexamen waren einige Kleider entweder zu klein oder zu abgenutzt. Du selbst hast dir dringend benötigte Werkzeuge angeschafft und da war ja noch die Strohrechnung zu bezahlen, nebst den üblichen, täglichen Ausgaben." „Ach ja", entgegnete Vater, „es war mir nicht mehr alles bewusst."

Unsere Eltern redeten vor uns Kindern nur selten vom Geld. Mutter verstand es sehr gut, andere Werte in den Vordergrund zu stellen. Uns Kindern kam es gar nicht in den Sinn, zu denken, wir seien arm. Erst später, im Vergleich mit anderen, sahen wir einige Unterschiede. Mutters Leitspruch war: „An Gottes Segen ist alles gelegen." Das war ihre tiefste Überzeugung und sie hielt sich daran. Sie nahm die Sache mit dem Zehnten ernst. Der zehnte Teil des Einkommens sollte Gott, der Förderung seines Reiches, gehören. Immer gab es einen Batzen für die Sonntagsschule und für die Kollekte im Gottesdienst. Darüber hinaus wurden auch regelmäßig weitere persönliche Beiträge gegeben.

Für den Gabentisch am Erntedankfest war nur das Beste gut genug, sei es an Gemüse, Blumen oder Käse des Sommers. Einmal hatte der Garten unter den schwankenden Wetterverhältnissen gelitten. Es gab mitten im Sommer Schnee, Hagel und Frost. Auch der Käse wies Mängel auf und war in Mutters Augen nicht zum Verschenken geeignet. Sie wandte sich deswegen an mich: „Dieses Jahr haben wir nichts zu geben. Kauf doch im Lebensmittelgeschäft einige Sachen und bringe sie zum Gabentisch.“ Ich tat, wie mir geboten wurde, und entschied mich unter anderem für einige schöne Trauben. Ausdrücklich sagte ich, sie seien für das Erntedankfest bestimmt, als mich die Besitzerin im Laden bediente. Als ich später die Trauben auf einen Teller legte, war ich sichtlich enttäuscht. Die Frau hatte mir nicht die schönsten gegeben und dazu waren noch viele lose Beeren im Papiersack. Ihre Ansichten und die meiner Mutter lagen offenbar weit auseinander.

Sei gut zu den Armen!

„Dass du mir gut bist zu den Armen! Hast du‘s gehört, Hildi? Dass du mir gut bist zu den Armen! Nimm es dir ein für alle Mal zu Herzen!“, fuhr Mutter mich an. Noch nie hatte ich meine Mutter so aufgebracht erlebt und war zutiefst erschrocken. „Ich sage es dir noch ein Mal, sei gut zu den Armen, vergiss es nie wieder“, wiederholte Mutter noch einmal. Ich hatte diese Tirade der Mutter ausgelöst, indem ich mich fast nebenbei und doch etwas unwillig über einen „Landstreicher“, wie mir schien, geäußert hatte. Musste der gerade jetzt zu uns kommen und seine Geschichte erzählen und sich von Mutter verköstigen lassen? Jedermann, der an die Türe klopfte, wurde freundlich aufgenommen, ob Hausierer mit ihrer Ware oder Leute in einer Notsituation. Immer gab es noch ein Plätzchen am Tisch. Das Wenige wurde selbstverständlich geteilt. Die eindringlichen Ermahnungen meiner Mutter vergaß ich nie wieder.

Erbschaften und andere Lasten

„Was hast du, Wilhelm, ist dir nicht gut?“ Vater drehte sich im schmalen Ehebett von einer Seite auf die andere, seufzte und ächzte: „Wie sollte es mir gut gehen?“, gab er zur Antwort. „Der Ärger erwürgt mich fast, er tötet mich beinahe.“ Jetzt wusste Mutter Bescheid. Da war diese leidige Erbteilung, an der nichts mehr zu ändern war. Zwei Parteien hatten sich im Geheimen zusammengetan und Vater vor vollendete Tatsachen gestellt. Es ging dabei um Kuhrechte, mit denen er so fest gerechnet hatte und von denen nun fast nichts mehr für ihn blieb. Das konnte er nicht verdauen. So vieles wäre für ihn in den nächsten Jahren einfacher geworden, wenn hier Gerechtigkeit gewaltet hätte. Auch Mutter litt darunter: „Ich weiß, uns ist Unrecht geschehen. Wir haben nicht damit gerechnet, doch das Leben geht weiter. Wir dürfen uns nicht fertig machen lassen. Eines weiß ich: Unser Gott, dem wir angehören, wird für uns sorgen, wie er es bis heute getan hat. Er kann alles, nur eines nicht: die enttäuschen, die ihm vertrauen.“ Vater atmete noch einige Male schwer durch: „Es war so schlau eingefädelt worden, ich hätte es einfach nicht annehmen sollen, aber ich war am kürzeren Hebel.

Ich konnte nichts mehr dagegen ausrichten.“ Endlich, nach einer gewissen Zeit, hatte er sich so weit beruhigt, dass er den nötigen Schlaf fand. Doch beschäftigte diese Erbteilung meinen Vater noch lange Zeit. Immer wieder kam die Rede auf das leidige Thema. Mutter antwortete dann gewöhnlich so oder ähnlich: „Wir wollen uns unser Leben nicht vermiesen lassen durch diesen Vorfall. Ich kenne genug Beispiele von solchen, die für immer negativ geprägt und verbittert wurden, weil sie zu kurz kamen beim Erben. Das soll uns nicht passieren.“

Nach getaner Lohnarbeit beendete Vater gewöhnlich das angefangene Hirten, wenn er nach Hause kam. Oft wurden seine Hantierungen von seiner schönen Tenorstimme begleitet. Bei den Tieren fiel ihm das Singen leichter. Er fühlte sich freier und die Kühe liebten seinen Gesang. Das Singen war auch ein Zeichen dafür, dass er sich allmählich wieder gefangen und aus seinem Tief herausgefunden hatte. An die unglückliche Erbteilung erinnerte er sich nur noch selten. Der Ärger war vergangen – auch ohne das Wissen, dass seine Söhne viele Jahre später die ihm zustehenden Kuhrechte erhalten würden. Heimatlieder wie: „Lueget vo Bärge u Tal, flieht scho der Sunnestrahl“ ertönten. Mehr und mehr waren es aber auch geistliche Lieder wie: „Jesu geh voran auf der Lebensbahn“. Die Worte einer Strophe lauteten: „Solls uns hart ergehen, lass uns feste stehn und auch in den schwersten Tagen niemals über Lasten klagen, denn durch Trübsal hier geht der Weg zu dir.“

Manchmal kämpfte mein Vater sehr mit seiner Müdigkeit, bei seinem Tagespensum nicht verwunderlich.

Das Tagwerk begann sehr früh am Morgen und endete spät abends. Mit der Zeit achtete er darauf, dass ihm auf einer Baustelle vor Arbeitsbeginn noch etwas Zeit blieb, um sich ausruhen zu können. Sehr oft hatte er ja vorher die Kühe gemolken und den Karren mit Milch für die Sammelstelle den steilen Weg zum Dorf hinaufgezogen, bevor es um sieben Uhr los ging. Zu Bergtouren an einem Sonntag, wie gerne er solche unternommen hätte, kam es selten oder nie. Die Zeit musste der Erholung dienen, um am Montag wieder einigermaßen fit zu sein.

Ich erinnere mich, dass ich einmal vor verschlossener Stubentüre stand. Diese wurde eigentlich kaum je abgeschlossen, nicht einmal, wenn die Mutter ins Dorf ging. Wo mochte sie wohl sein? Ich blieb einige Augenblicke stehen, um nachzudenken. Nun hörte ich drinnen jemanden halblaut reden. War Besuch da? Nein, es war immer nur die gleiche Stimme zu hören. Schließlich verstand ich die Namen meiner Großeltern, der Onkel und Tanten und weitere Anliegen, die meiner Mutter auf dem Herzen lagen. Sie brauchte dieses Reden mit Gott, die unsichtbare Verbindung mit „oben". Es war so etwas wie der Lebensatem für ihre Seele.

Eines Tages, als ich von der Schule heim kam, fand ich Mutter in höchster Aufregung: „Du musst mir helfen, Hildi, und zwar sofort." Für meine Mutter war ich bereit, alles zu tun – aber was konnte das wohl sein? Mutter erzählte in hastigen Worten, was meinen Ohren vertraut vorkam: „Die Tante war den ganzen Morgen hier, ging zwischendurch kurz nach Hause, um dann gleich wieder umzukehren. Das ginge ja noch, aber sie war in höchst gereizter Stimmung und kritisierte alles, was ich unternahm. Alles hätte sie besser gemacht. Es gelang mir nicht, sie abzulenken. Jetzt ist sie wieder unterwegs zu uns und ich kann einfach nicht mehr schweigen. Deshalb verschwinde ich in diesem Kleiderschrank und du drehst den Schlüssel um.“ Schon war sie drin und mir blieb nichts anderes übrig, als zuzuschließen. Zwei, drei Sekunden später wurde die Türe aufgerissen. Die Tante stand breitspurig im Türrahmen, die Arme in die Hüfte gestemmt: „Wo ist deine Mutter? Sie war doch eben noch hier.“ „Ja, sie war gerade noch da“, erwiderte ich kleinlaut. „Geh, hol sie!“ Ich war erleichtert, den Raum verlassen zu dürfen. Es hätte ja leicht zu einem Hustenreiz kommen können im Schrank und dann wäre die Sache aufgeflogen. So aber ging ich in die Küche und dann ums Haus herum und rief: „Mutter, wo bist du? M-u-u-t-t-e-r!“ Kein Laut war zu hören. Daraufhin verließ die Tante ärgerlich die Wohnung. Die Gefahr war vorbei, die Gefangene konnte befreit werden und hatte für die nächsten Tage ihre Ruhe. Durch ihr Verhalten konnte meine Mutter eine kleinere oder auch größere Katastrophe verhindern. Die Tante wurde oft jähzornig und wusste in ihrer ungeheuren Kraft nicht mehr, was sie tat. In dieser Verfassung waren weder Mensch, Tier, noch Mobiliar sicher vor ihr.

Diese Frau litt wohl ein Leben lang an ihren früheren familiären Verhältnissen und auch an ihrer Kinderlosigkeit. Ihr Vater sorgte nicht für die Familie, die Mutter starb früh und sie selbst wurde mit drei Jahren, als die jüngste von fünf Geschwistern, in einer Pflegefamilie untergebracht. Es war besser, sich gar nicht auf einen Streit mit ihr einzulassen. Zu „normalen“ Zeiten hätte man ihr ein solches Verhalten nicht zugetraut. Sie wusste sich mit jedermann gut und intelligent zu unterhalten oder mit Viehhändlern zu verhandeln, wenn es ums Kaufen und Verkaufen ging. Sie war eine tüchtige Sennerin, auch zur Sommerszeit auf der Alp. Ja, zwischendurch kamen immer wieder auch ihre guten Seiten zum Vorschein.

Am Sandkasten

Inzwischen war für mich die Zeit für die kirchliche Unterweisung am Sonntagmorgen gekommen. Daneben betreute ich noch im Anschluss die Gruppe der Kleinsten in der Sonntagsschule der Heilsarmee. Nicht jeder hatte dafür Verständnis und es brachte mir schon mal eine schnippische Bemerkung einer meiner Kolleginnen ein. Sie meinte wohl, ich hätte mich für die eine oder andere „Kirche" zu entscheiden. Solchen verbalen Angriffen gegenüber verhielt ich mich ruhig. Sollten die anderen denken, was sie wollten, zumal die Landeskirche damals noch keine eigene Sonntagsschule hatte.

Die neue Aufgabe erforderte eine gründliche Vorbereitung. Während der Woche prägte ich mir jeweils die biblischen Geschichten ein und überlegte mir, wie ich die Szenen im Sandkasten darstellen konnte. Dieser Sandkasten war ein langgezogener Kasten aus Holz, der auf einer erhöhten Unterlage stand und mit feinem Sand gefüllt war. Als Anleitung zu den Geschichten und deren Darstellung diente mir ein Handbuch. So entstanden Seen aus blauem Papier, Ufer und Berge aus verschiedenen Steinen. Ich stellte so manche morgenländische Szene mit Naturprodukten aus meiner Umgebung nach. Manchmal bastelte ich auch etwas Passendes zum Thema und setzte dann die vorhandenen farbigen Bilder aus Karton für Menschen, Tiere und Bauten ein oder verschiedene Alltagsgegenstände aus Puppenstuben. Da wurde aus einem in den Sand gesteckten Thuja-Zweig der Maulbeerbaum, auf dem der Zolleinnehmer Zachäus saß. Er stieg eilends herunter, weil Jesus in seinem Haus einkehren wollte. Diese Begegnung krempelte sein ganzes Leben um. Er nahm Vergebung für sein betrügerisches Leben an, brachte seine Vergangenheit in Ordnung und ging als total neuer Mensch in eine neue Zukunft.

Die Kinder verfolgten die Geschehnisse mit wachem Interesse und mir machte es Spaß, mit den sechs bis zehn Vorschulkindern zu arbeiten. Natürlich wollten sie als Höhepunkt am Schluss der Geschichte noch ihre eigenen Fantasien in den Sand einbringen.

Moderne Zeiten

Fortschritt in der Waschküche ...

Schon früh am Morgen zündete Mutter in ihrem Waschhafen ein Feuer an. Waschtag war angesagt und das bedeutete, dass viel Kraft nötig war. Zuerst wurde die weiße, nur leicht beschmutzte Wäsche in die Lauge des Kessels eingelegt und zum Kochen gebracht. Das galt vor allem für die Bettwäsche der Feriengäste. Alles andere musste auf dem Waschbrett eingeseift und vorgewaschen werden. Was sich nicht zum Kochen eignete, wurde so lange auf dem Brett gerieben, bis es gespült werden konnte. Sehr oft erhielten auch die Finger einen Denkzettel von dieser Prozedur und der eine oder andere fing an zu bluten. Es war ja höchstes Gebot, dauernd von einer Arbeit zur anderen die Kleider zu wechseln: nach der Schule, nach der Stallarbeit, vor Hantierungen im Hause, nach der Feldarbeit, vor Besorgungen im Dorf und so fort. Das ersparte Wäsche, dafür wurden jedoch einige Kleidungsstücke umso schmutziger. Meine Mutter vertrat die Ansicht: „Wenigstens sauber und ganz müssen die Kleider sein für auswärtige Angelegenheiten; und für den Sonntag sauber und nicht geflickt.“ Für Frauen und Mädchen waren Schürzen unentbehrlich, sogar in der Schule. Trotz aller Vorsicht gab es immer noch reichlich zu waschen. Alles musste anschließend von Hand gespült, ausgewrungen und aufgehängt werden. Zwischen Haus und Scheune war eine erhöhte Einrichtung, ein Podium angebracht, um an Ort und Stelle aufhängen zu können. Nach jedem Stück wurde das Seil in Richtung Wiese geschoben. Das war praktisch, hatte aber zum Nachteil, dass nur alles miteinander abgenommen werden konnte – zu hoch flatterten die einzelnen Stücke. Vor allem im Winter wurde das Trocknen oft zur Plage. Im Haus war kein Platz dafür und draußen wurden die Wäschestücke bei Minustemperaturen steif wie Hampelmänner.

Eine großartige Erfindung waren die ersten Waschmaschinen. Mutter kam zu einer kleinen Maschine der Marke *Hoover*. Der Inhalt wurde in gleichmäßigen Drehungen gewaschen, sogar gekocht, wenn nötig. Die Wäschestücke mussten aber von Hand durch eine schmale Mangel getrieben werden, um die Lauge zurück zu behalten und das Spülen zu erleichtern. Größere Stücke mussten mit den Fingern aus der siedend heißen Flüssigkeit genommen und ausgewrungen werden.

Auch das Spülen erforderte viel Kraft. Immerhin konnte jedoch das mühsame Raffeln auf dem Brett umgangen werden, und das war ein großer Fortschritt. Natürlich waren diese ersten Waschmaschinen nicht zu vergleichen mit der späteren vollautomatischen Waschmaschine. Diese erwies sich als eine der größten Wohltaten für die Hausfrauen.

… und auf der Wiese

Die ganze Familie war im Freien versammelt. Was gab es denn da zu begutachten? Eine große Neuigkeit, denn eine der ersten Mähmaschinen in Adelboden war eingetroffen. Wenn es mit diesem *Schanzlin* klappte, würde das für den ganzen landwirtschaftlichen Betrieb eine enorme Erleichterung bedeuten – vor allem für den

Hausvater. Wochenlanges mühsames Mähen von Hand würde wegfallen. Vater war begeistert und fing sogleich an, sich mit der Technik auseinanderzusetzen. Da gab es einiges zu berücksichtigen. Erste Versuche zeigten, dass alles gelernt sein will. Trotz Anfangsschwierigkeiten kam er bald zu einem guten Resultat. Er schritt lange Strecken hinter der Maschine her, hielt beide Griffe fest in Händen und staunte, wie schnell ein Feld am Boden lag. Die Versuchung war groß, zu viel aufs Mal umzulegen. Alles Weitere musste ja immer noch mit den Händen bearbeitet werden wie Zetteln, Wenden und Eintragen. Auch blieb noch ziemlich viel steiles Land, das nur mit der Sense geschnitten werden konnte. Zu groß war die Gefahr, dass der Mäher umkippte.

Die Nachbarn merkten bald, dass in der Oey und im Bärenschwand die Neuzeit Einzug gehalten hatte. Immer wieder fragte der eine oder andere, ob ihm Vater nicht nach Feierabend oder an einem regnerischen Tag ein Stück Land mähen könnte.

Der Mäher konnte auch als Einachstraktor mit Anhänger gebraucht und für kleine Transporte verwendet werden. Anstatt die Lasten zu tragen, durften Einzelne mit aufsitzen und sich in langsamem Tempo an ein Ziel befördern lassen. Für größere Transporte wie Holzstämme oder Heupüntel wurden immer noch Kuh- oder Ochsengespanne verwendet. Die Tiere wurden im Winter vor Schlitten und im Sommer vor Karren gespannt. Für noch größere Transporte konnten Fuhrhalter mit ihren Pferden gegen ein Entgelt angefordert werden.

Wann irgend ihm freie Zeit zur Verfügung stand, machte sich mein Vater an kleine Erfindungen heran. Sie sollten ihm das Leben erleichtern. So kam er zu einer Schleifmaschine. Mit einem Fuß bediente er das Pedal zum Antrieb eines großen, runden Steines, der in einem Holzrahmen steckte und im Wasser stand. Beide Hände blieben dabei frei, um den Gegenstand, sei es ein Küchenmesser oder ein Werkzeug, zu schärfen. Die Strohhackmaschine erlaubte ihm, die Halme zum Streuen zu kürzen. Eine geniale Einrichtung war der auf einem Schlitten verankerte Motor mit einer Seilwinde, um Mist und Gülle an den steilen Rain hinaufzuziehen. Es brauchte dazu noch eine Begleitperson, die oben die Ladung entlud, und jemanden zum An- oder Abschalten des Motors.

Auch zum Zerkleinern des Holzes hatte er sich etwas einfallen lassen. So konnte er lange Holzstücke oder Äste mit der elektrischen Fräse ofengerecht kürzen.

Gutes Wasser

Zuhinterst in der Oey war eine Miniaturfabrik in Betrieb. In präziser Handarbeit wurde Mineralwasser in Flaschen abgefüllt, etikettiert und auf Lieferwagen an Wäflers Haus vorbei zum Oeycher an der Landstraße transportiert. Durch Umladen auf Lastwagen kam es zu den weiter entfernten Kunden.

1559 wurde die Quelle im „Bedli“ erstmals urkundlich erwähnt. Die älteren Leute konnten sich daran erinnern, dass hinten bei der steinernen Brücke über den Allenbach einmal ein Heilbad war. Das bestätigte die Federzeichnung eines Badhauses, erstmals erwähnt um 1617. Die Gäste setzten sich dort in einen Zuber, wurden mit warmem Wasser übergossen und ließen sich so gegen Rheuma und dergleichen behandeln. Verschiedene Umstände führten zur Schließung des Bades. Die Anlage blieb fortan ungenutzt und moderte vor sich hin. Über Jahre wurde vom Hotel Schönegg eine Schweinemästerei betrieben. Nicht gerade eine würdige Nachfolgerin des einstigen Bades, aber doch wenigstens eine Verdienstmöglichkeit für „Schwii-Hansi“, der die Sauen betreute und die Abfälle des Hotels verfütterte. Auch dieser Betrieb war zeitlich begrenzt und wurde irgendwann aufgehoben.

1949 kam die Quelle zu neuem Leben und zu neuer Bedeutung. Es wurden Bohrungen gemacht und das Wasser auf seinen Gehalt hin untersucht. Das Resultat war hervorragend: Mineralwasser erster Klasse. Aus primitivsten Anfängen entwickelte sich das Ganze zu einem namhaften Betrieb. Es kam in der Folgezeit zu einem zweckmäßigen Neubau an der Landstraße. Das köstliche Nass floss durch eine Leitung von der Quelle zur Fabrik und wurde nach modernsten Methoden abgefüllt. Eine beträchtliche Anzahl Einheimischer und Zugewanderter begrüßten es, in diesem Unternehmen ihr Brot verdienen zu können. Das Gebäude musste mehrmals vergrößert werden und das Mineralwasser wurde weit über unsere Landesgrenze hinaus ausgeliefert. 1954 erhielt *Adelbodner Mineralwasser* für die Sorten *Nature* und *Orange* und 1978 für *Nature* und *Grapefruit fin* die Goldmedaille. Heute, fast 60 Jahre nach der Erschließung, steht *Adelbodner* immer noch an oberster Stelle der Schweizer Mineralwasser, was den Kalziumanteil betrifft, nebst hohem Gehalt an anderen Mineralien.

Endlich Frieden

Das Jahr 1945 brachte den lang ersehnten Frieden. Ein großes Aufatmen ging durch die Bevölkerung. In manch einem Auge schimmerten Tränen, als an einem der ersten

Maitage die Kirchenglocken zu läuten anfingen. Ringsum hatte der Krieg getobt und die kleine Schweiz war wie eine Insel mittendrin vom Unheil verschont geblieben. Das war nicht selbstverständlich und wohl kein spezielles Verdienst der Helvetier. Die Frauen hatten während der Kriegsjahre noch vielmehr als früher die Arbeiten der Männer in Feld und Stall zu verrichten und manche zusätzliche Last auf sich zu nehmen, wenn ihre Männer zum Aktivdienst angetreten waren.

Da war unter anderem die „Anbauschlacht", angeordnet von Professor Traugott Wahlen, dem späteren Bundesrat. Er schlug ein Gesetz vor, wonach für eine gewisse Anzahl Hektar Land eine bestimmte Anzahl Ar Ackerland urbar gemacht werden sollten. Von der Gemeinde wurden dafür Pflüge zur Verfügung gestellt. Es ging hauptsächlich darum, Kartoffeln zu setzen. Auch sollte Dinkel gesät und geerntet werden. Der Ortsname „Mühle" an der Engstlige stammt aus jenen Tagen und der „Mühli-Hannes" war für die Älteren eine bekannte Person.

Ich musste an einem bestimmten Tag mit einem Kontrolleur zu Fuß von der Oey in den Bärenschwand, um ihm das Kartoffelfeld in voller Blüte zu zeigen. Er wollte sich selbst davon überzeugen, ob den Anordnungen entsprochen worden sei. Auch als der Krieg längst vorbei war, wurden diese nahrhaften Knollen immer noch geerntet. Das Umgraben und Auflesen war eine recht mühsame Arbeit. Von Zeit zu Zeit mussten wir uns dann aufrichten und den Rücken strecken. Die Kartoffeln wurden sortiert, die mittleren und großen für die Küche bestimmt, die kleinen für die Schweine. Die Sauen wurden vorwiegend von Garten- und Küchenabfällen gefüttert, auch mit

„Blachten“, dem Alpenampfer ähnlich, die um Scheunen und Häuser herum wuchsen. Sie wurden einzeln herausgezogen, zu Bündeln gebunden und auf einer eigens dafür errichteten Feuerstelle im Kessel zu Kompott gekocht und konserviert. Eine eiweißreiche Ergänzung zum Schweinefutter im Winter.

Ungewöhnliche Gäste

Während des Krieges waren in Adelboden ausländische Soldaten aus aller Welt interniert, insgesamt 1200 Mann. Hier wurden sie vom Schweizer Militär bewacht. Meistens handelte es sich um Bomberpiloten der Alliierten, die den Schweizer Luftraum verletzt hatten oder deren Maschinen beschädigt waren. Die Offiziere und Soldaten entstammten vorwiegend der amerikanischen Oberschicht und fanden nun Unterschlupf in leerstehenden Hotels. Ihre finanziellen Möglichkeiten schienen unerschöpflich zu sein, was allgemein Eindruck machte. Der Ausspruch machte die Runde: „Wenn es ihnen an Toilettenpapier fehlt, nehmen sie ihre Dollarscheine als Ersatz dafür.“ Das mochte übertrieben sein, zeigte aber, wie großzügig sie mit Geld umgehen konnten. Die Umsätze im Dorf kamen wieder in Schwung. Der Fremdenverkehr war ja fast ganz zum Erliegen gekommen.

Vereinzelt wurden die Internierten von Sprachkundigen Einheimischen zu Arbeiten in der Landwirtschaft und beim Holzfällen hinzugezogen, auch zu Bachverbauungen. Diese praktischen Arbeiten entsprachen nicht unbedingt ihren Neigungen und Fähigkeiten, doch waren sie auch froh, ihre militärische „Gefangenschaft“ in dieser angenehmen Umgebung leisten zu dürfen.

Sie alle profitierten natürlich auch von den Angeboten eines Kurortes, spielten Curling oder Eishockey, fuhren Ski und spielten im Sommer Baseball.

Nach Kriegsschluss freuten sich jedoch alle auf die bevorstehende Heimkehr. Vereinzelt kam es dabei zu ergreifenden Abschiedsszenen. Da waren Frauen, die sich verlassen fühlten, eine oder zwei mit einem Kind, aber es gab auch mindestens eine Eheschließung.

Nach der Abreise durften wir Einheimischen uns an den zurückgelassenen Militärkleidern und Gebrauchsgegenständen der Abgereisten bedienen. Unter anderem fand ein dicker Pullover aus beigebrauner Wolle den Weg in unser Haus.

Dieser Pullover sollte noch eine Rolle spielen in meinem Leben. Zum Turnunterricht während der Sekundarschulzeit gehörten im Sommer nämlich einige Schwimmbadbesuche. Dazu brauchte ich dringend ein Badkleid. Schon Wochen vor Sommerbeginn hatte ich sämtliche Kataloge, die ins Haus geflogen kamen, durchblättert und nach einem geeigneten Modell gesucht. Das Warenhaus Jelmoli in Zürich schien das Passende zu haben: „Sieh, Mutter, dieses hier gefällt mir gut. Darf ich es bestellen?“ Mutter sah näher hin und gab zur Antwort: „Ich weiß, dass du ein Badkleid brauchst, Hildi, aber im Moment liegt es nicht drin, eines zu kaufen. Es tut mir leid, aber es liegt wirklich nicht drin. Ich werde dir eines nähen, du kannst dich darauf verlassen.“ Natürlich war ich zuerst enttäuscht, aber ich vertraute meiner Mutter. Sie war eine Künstlerin im Nähen. Schon oft waren meine Kleider anerkennend von anderen gelobt worden und ich hatte voller Stolz geantwortet: „Das hat meine Mutter gemacht.“ So wartete ich gespannt ab. Doch als die Neuschöpfung dann vor mir lag, erschrak ich und fragte mich, was für einen Eindruck ich wohl darin hinterlassen würde. Es lag nicht an der Machart, sondern an diesem wollenen, bräunlichbeigen Pullover aus feinem Maschenstrick, der sich kaum für die Badesaison umfunktionieren ließ und im nassen Zustand schwer am Körper hing. Wer aber schwimmen lernen wollte, musste wohl oder übel mit Wasser in Berührung kommen. Zum Glück war das Wetter in jenem nasskalten Sommer auf meiner Seite. Mit der Schule kamen wir nur gerade ein Mal zum Baden. Und übers Jahr wurde eine andere Lösung gefunden. Weil ich ein gutes Stück gewachsen und in die Pubertät gekommen war, musste auch meine Mutter einsehen, dass sie dieses Badkleid nicht länger an ihrer Tochter verantworten konnte. Das war meine Rettung.

Futter gratis

Während des Aktivdienstes der Schweizer Armee in Adelboden gab es die Möglichkeit, Speisereste abzuholen. Erwartungsvoll standen wir Kinder abends an, um unsere Milchkessel oder anderen Gefäße füllen zu lassen. Hoffentlich war das Militär nicht allzu hungrig gewesen. In diesen Fällen gingen wir leer aus. Wenn es klappte, trugen wir jedoch Suppe mit „Spatz“ oder andere Leckerbissen nach Hause. In einer Zeit, in der für alles Lebensmittelmarken benötigt wurden, ergänzten oder ersetzten diese Zustüpfe die üblichen Mahlzeiten. Im Bonderlen erlebte der Küchenchef einmal eine böse Überraschung. Als er nach einer Pause in seine freistehende Küche zurückkam, sah er gerade noch, wie sich eine Kuh langsam unter der Zeltplane rückwärts zurückzog und sich genüsslich das

Maul schleckte. Der Kessel, in dem eine kräftige Minestronesuppe für das Abendessen bereit stand, war zu zwei Dritteln leer getrunken. An jenem Abend gab es wohl kaum Reste zu verteilen.

Das Grand Hotel brennt!

Knapp zwei Jahre nach dem zweiten Weltkrieg ging das größte und wohl älteste Hotel von Adelboden in Flammen auf. Die Hotels hatten damals einen schweren Stand. Einige genügten den Anforderungen nicht mehr und wurden abgerissen. Auch das Grand Hotel, ein imposanter Bau aus dem Jahr 1887 mit Türmchen, Balkonen und 220 Betten, hatte vor dem Krieg besser rentiert. Es war eine Zeit in Glanz und Glamour, mit eigenem Kurorchester, der Höllenbar, Galaabenden im 200 Quadratmeter großen Ballsaal, mit Pferdestallungen und Reitangeboten, mit Schlitten- und Kutschenfahrten, einer Natureisbahn mit Eisrevue und Turnieren. Nun war es frisch renoviert und auf Hochglanz poliert worden. Eines Nachts im März erscholl die Kunde: „Das Grand Hotel brennt!" Das Ganze glich einem gigantischen, während Stunden dauernden Feuerwerk. Der Himmel und das Tal waren hell erleuchtet. Wohl kaum jemand in Adelboden, der nicht vom Geschehen ergriffen worden wäre oder einen Augenschein von diesem Schauspiel nehmen wollte. Verletzte gab es glücklicherweise nicht. Wilde Spekulationen kursierten. Es kam zu gerichtlichen Untersuchungen, aber die Brandursache wurde nicht geklärt. Das Hotel wurde nicht wieder aufgebaut. Mir blieb dieses Ereignis noch lange im Gedächtnis, vor allem, weil ich einen Schüleraufsatz über diesen mysteriösen Brand verfasste.

Mutige Entscheidungen

Erfolg der Waldleute

Ich war schon immer mächtig stolz gewesen auf meine Vorfahren, waren es doch mutige Menschen, die sich in der Vergangenheit für das kleine Dorf im Engstligental stark gemacht hatten. Etwa damals, als sich die sogenannten „Waldleute“ eine eigene Kirche in Adelboden wünschten. Das Gesuch der Vorväter für diese eigene Kirche wurde vom Kloster Interlaken und vom Bischof in Lausanne abgelehnt, wohl aus finanziellen Gründen. Begründet wurde das unter anderem mit der Frage, wo sie die Mittel hernehmen würden, um einen Priester zu bezahlen.

Dank der Initiative von zwölf Männern konnte im Jahre 1433 eine eigene Kirche erbaut werden. Zuerst mussten die nötigen Steine aus Steinbrüchen besorgt und mit einfachsten Werkzeugen Bäume für die Dachbalken und die mächtigen Säulen gefällt werden. Die schöne, gewölbte Holzdecke, mit roten und weißen Sternen bemalt, wurde erst später eingezogen. Auch erhielten die Kirchenfenster erst 1937 durch Augusto Giacometti ihre einzigartige Gestaltung. In leuchtenden Farben stellte der Künstler die „Nacht von Gethsemane“ dar: *Drei schlafende Jünger* und *Jesus betet*.

Als die Kirche fertig erstellt war, verbürgten sich 56 Hausväter mit ihrem ganzen Hab und Gut für die Besoldung eines Priesters. Bis dahin besuchten die Bewohner des Tales die Gottesdienste in Frutigen, brachten jedes

Neugeborene dorthin zur Taufe, auch die Verstorbenen zur Beerdigung – und das auf einem sechzehn Kilometer langen, beschwerlichen Fußweg. Vor allem zur Winterzeit waren dies unzumutbare, gefährliche Zustände. Unerschrocken und mutig waren die Männer zur Tat geschritten, zu ihrem und zum Wohl der nachfolgenden Generationen. Sie handelten schon nach jener Aufforderung, die der Zürcher Reformator Huldrych Zwingli später seinen Leuten mitgab: „Tut um Gottes Willen etwas Tapferes!"

Auch ich sah mich plötzlich vor eine große Entscheidung gestellt, die mir alles abverlangte. Lehrer Hug hatte seine Schüler beizeiten auf ihre Zukunft angesprochen. Er war noch einen Schritt weiter gegangen und hatte meine Eltern zu sich kommen lassen. Er teilte ihnen mit, dass er ihnen anhand der Noten und der Beurteilung ihrer Tochter vorschlagen würde, das Lehrerinnenseminar zu besuchen. Zu Hause wurde darüber diskutiert. Vor allem auch, wie eine solch kostspielige Ausbildung zu finanzieren sei; damals konnte man ja noch nicht auf Stipendien zählen. Meinen Eltern bangte davor, weitere Schulden bei der Bank machen zu müssen. Ihr Vorschlag ging dahin, dass ich später, wenn ich einmal verdienen würde, ihnen das Geld wenigstens zum Teil zurückzahlen sollte. Ich hatte Verständnis dafür und erklärte mich einverstanden damit. Es stimmte, dass ich mit Freuden lernte, gerne die Schule besuchte und es manchmal kaum erwarten konnte, bis die Ferien zu Ende gingen. Auch ging ich gerne mit Kindern um.

Von nun an belegte ich Stunden in Geometrie und Algebra. Diese Fächer waren nämlich den Jungen vorbehalten; nur in Ausnahmefällen nahmen Mädchen daran teil. Sogar Klavierstunden wurden mir von Haus aus erlaubt, obschon zunächst noch kein solches Musikinstrument da war. Ein Ehepaar in der Nachbarschaft stellte mir dafür sein Klavier zum Üben zur Verfügung.

Farbe bekennen

Mehr als ein Jahr später ließ der Lehrer alle Mädchen der neunten Klasse zu sich rufen. Als ich an der Reihe war, wäre ich am liebsten im Boden versunken. Meine Pläne hatten sich nämlich geändert und mir bangte davor, sie dem Lehrer mitzuteilen. Wie würde er reagieren? Konnte er nachvollziehen, was in mir vorging? Würde er spöttisch lächeln? Das hätte ich von ihm, den ich hoch einschätzte, kaum ertragen.

Nicht von einem Tag auf den anderen, nein, über längere Zeit war mir immer deutlicher bewusst geworden, dass Gott einen bestimmten Plan für mein Leben hatte. In jüngster Vergangenheit hatte ich einiges mit ihm erleben und von ihm erhalten dürfen. Meine beschützte Kindheit lag ohne schwerwiegende Vorkommnisse hinter mir. Trotzdem war ich so erleichtert gewesen, alles Belastende eines jungen Lebens in einem Gebet bei Gott ablegen zu dürfen. Das geschah am Ende eines Gottesdienstes im Beisein einer freundlichen, liebevollen Mutter. Ich verspürte nach diesen Gebeten eine tiefe Freude in mir und wusste mich von Gott geliebt und angenommen durch seinen Sohn Jesus Christus. Aus Dankbarkeit wollte ich nach seinem Willen für mein Leben fragen und es ihm zur Verfügung stellen.

Allerdings hatte ich in diesem Augenblick noch nicht damit gerechnet, dass er mich in den vollzeitlichen Dienst in die Heilsarmee rufen würde. Das würde heißen, mein geliebtes Tal für immer zu verlassen und unter Umständen auf Ehe und Familie zu verzichten – falls sich nicht ein junger Bursche bereit erklären würde, diesen Weg mit mir zu gehen. Ich würde unter anderem versprechen, denen ein Freund zu sein, die keine Freunde haben, mich also auch der Randständigen, Gestrandeten, anzunehmen. Es würde kein Opfer für mich bedeuten, ihretwillen auf Alkohol und Suchtmittel zu verzichten. In meinem Elternhause war nichts dergleichen zu finden. Ja, ich empfand Abscheu, wenn ich an die Auswirkungen davon in nicht allzu weiter Entfernung von meinem Zuhause dachte. Das Tragen einer Uniform würde mir etwas Mut abverlangen, stellte aber alle auf die gleiche Stufe, ohne Klassenunterschiede. Niemand würde einen Direktor von einem Fabrikarbeiter unterscheiden können. Weiter würde ich bereit sein, mich überall einsetzen zu lassen, wo gerade Not am Mann, an der Frau sein würde, sei es in der Verkündigung der Guten Nachricht von Jesus, im Rahmen der Evangelisationsarbeit, in der sozialen Tätigkeit oder in der Administration. Die Bewegung, der ich beizutreten gedachte, entsprach meinen Vorstellungen einer christlichen Gemeinde mit tiefem, geistlichem Leben, in der aber auch herzlich gelacht werden durfte; das war mir wichtig. Ich hatte mir schon in jungen Jahren vorgenommen, nie eine verbitterte, mürrische alte Frau zu werden. Die Heilsarmee war eine Organisation, in der die Gaben der Frauen nicht beschnitten wurden, sondern sich voll entfalten durften. Eine Frau würde nach ihrer Ausbildung zu allen kirchlichen Handlungen, inklusive Predigen, berechtigt sein. Es fehlte mir nicht an lebenden Vorbildern, die mich zu diesem Schritt anspornten, und ich war entschlossen, das Beste aus meinem Leben zu machen. Ich wollte um Gottes Willen etwas Tapferes tun.

In diese Gedanken war ich vertieft, als mich der Lehrer in die Wirklichkeit zurückbrachte. Er spürte eine gewisse Zurückhaltung: „Da ist etwas, das du mir nicht sagen willst?“ Ich gab mir einen Schupf. Nun musste ich Farbe bekennen. „Ja“, sagte ich, „ich möchte einmal Heilsarmee-Offizierin werden.“ Der Lehrer verhielt sich sehr verständnisvoll und versuchte keineswegs, mir diesen Plan auszureden: „Ich nehme an, dass es dazu ein gewisses Alter braucht, wie zum Beispiel für die Ausbildung einer Krankenschwester?“ Ich nickte. Bald darauf durfte ich erleichtert den Raum verlassen.

Normalerweise wäre ja die Ausbildung zur Lehrerin ohne weiteres möglich, ja vorteilhaft gewesen für einen solchen späteren Dienst. Ich war mir aber bewusst, dass ich nie imstande sein würde, meinen Eltern die Kosten zurückzubezahlen. Deshalb sah ich von diesem Vorhaben ab.

Schulabschluss

Fredi, mein jüngster Bruder, war ABC-Schütze geworden, Willi besuchte die achte Klasse und ich stand vor dem Schulabschluss. In der Nähe von St. Aubin am Neuenburgersee war bereits eine Stelle für mich gefunden worden, damit ich mich in der französischen Sprache weiterbilden konnte. Von der Schule her waren gute Grundlagen da. Ich hatte nun ein Jahr Zeit, um zu überlegen, wie es in nächster Zukunft weitergehen sollte.

An einem Karfreitag Ende März, einem strahlenden Vorfrühlingstag, wurde ich mit rund fünfzig anderen in der Adelbodner Kirche konfirmiert. Der frisch gefallene Schnee begann zu schmelzen und floss in kleinen Bächlein die Straße hinunter. Auf dem Weg zur Kirche musste ich Acht geben, um trockenen Fußes dorthin zu kommen. Die neuen Schuhe mit dem Löchlimuster im Oberleder erwiesen sich nicht unbedingt als geeignet. Es ging mir an diesem Tag nicht in erster Linie um die Geschenke, die ich erhielt, obwohl ich mich sehr freute über meine erste Armbanduhr vom Götti und über einige kleinere Aufmerksamkeiten. Viel bedeutender für mich war der feierliche Anlass und die Predigt zu Psalm 150: „Alles, was Odem hat, lobe den Herrn! Halleluja!" In meinem Herzen jubilierte es und der innigste Wunsch stieg auf: „Herr, lass mein Leben dir zur Freude gelingen."

Neues wagen

Fremdes Brot

Für mich begann nun ein neuer Lebensabschnitt. Aus dem Estrich holte ich den geräumigen, aus Weiden geflochtenen Wäschekorb. Er hatte schon meiner Mutter gute Dienste geleistet. Im Freien schrubbte ich ihn tüchtig mit Seifenwasser und goss dann Kübel um Kübel Wasser darüber, damit auch das letzte Spinngewebe weggespült wurde. Dann stellte ich ihn zum Trocknen an die Sonne. In diesem Korb sollte alles Erforderliche für den Welschlandaufenthalt des flügge gewordenen Mädchens verstaut werden. Alles verlief wunschgemäß.

Anfang April, also vier Wochen vor meinem 16. Geburtstag, zog ich los. Mein Korb war bereits im Voraus aufgegeben worden. Mit etwas gemischten Gefühlen verabschiedete ich mich und trat trotz allem frohgemut die Reise ins Unbekannte an. Ich trug mein erstes Jackenkleid, vom Schneider genäht, mit weißer Bluse. Als Zeichen dafür, dass ich die obligatorische Schulzeit hinter mir hatte, waren meine dicken braunen Zöpfe um den Kopf gelegt. Eine gewisse Abenteuerlust war unverkennbar. Es war meine erste selbständige Reise, die weiter als nach Thun führte.

Wie hatte sich Mutter kurz vor Schulaustritt geäußert? „Unsere Erziehung an dir ist abgeschlossen; wir haben getan, was wir konnten, aber auch wir haben Fehler gemacht. Ich bitte dich um Verzeihung, wo dies geschehen ist. Ich traue es unserem Gott zu, dass er zurechtbringt, was wir falsch gemacht haben. Du bist ganz in seiner Hand." Ihre Worte hatten mich tief bewegt. Es war eine von Mutters Stärken, Fehler zugeben zu können und sich zu entschuldigen.

Nun hielt ich also Einzug in „Les Paquerettes" in Chez-le-Bart. Nur der Garten trennte das Haus vom See. Ich trat im Haushalt dreier Damen an. Da war die 40-jährige Paulette, die im Rollstuhl saß, eine ältere Krankenschwester und eine aus gesundheitlichen Gründen frühzeitig pensionierte Dame. Ich beteiligte mich zum Teil an der Pflege der Gelähmten. Sie war mit 6 ½ Monaten zur Welt gekommen und von ihren wohlhabenden Eltern der Pflegerin zur lebenslangen Betreuung übergeben worden. Dann machte ich mich im Haushalt nützlich und im Sommer im großen Garten. Eigentlich war zu wenig Arbeit für mich da, doch das wurde mit Putzen ausgeglichen. Es wurde zwar nie wirklich schmutzig, doch musste der nasse Putzlappen mehrmals täglich über den Bad- und Küchenboden gleiten und die lange Steintreppe hinunter.

Daneben genoss ich das gute, reichliche Essen, den Familienanschluss, das schöne Mansardenzimmer auf dem Estrich, lernte perfekt Französisch und liebte die Aussicht auf den Neuenburgersee mit den verschiedenen Stimmungen, je nach Tageszeit. Wenn der Mondschein sich in den Wellen brach, die Fischer früh morgens mit ihren Booten auf die Höhe fuhren, um ihre Netze auszuwerfen, oder wenn sie später wieder ans Ufer zurückkamen, dann waren das unvergessliche Augenblicke für mich als Kind aus den Bergen.

Die sonntäglichen Gottesdienste in der Heilsarmee in St. Aubin brachten viel Abwechslung. Es war ein ganz anderer Wortschatz, der hier zum Zug kam. Viele mir bekannte Lieder und Melodien wurden auch auf Französisch gesungen und gaben mir ein Heimatgefühl. Ab und zu trafen wir uns als Deutschschweizermädchen zu einem Ausflug oder zum Baden.

Zwischen Adelboden und dem Welschland fand ein reger Briefverkehr statt. Die Mutter schrieb regelmäßig über alles, was mich interessieren konnte, und ich berichtete von meinen Erlebnissen.

Meine Mutter musste wohl gemerkt haben, dass mich mit der Zeit ein leises Heimweh beschlich. Ihre schönen Ansichtskarten verstärkten dies nur noch. Ich konnte sie nicht genug betrachten und fragte mich, ob ich den für mich schönsten Talabschluss der Welt wohl noch einmal sehen würde: den mächtigen Wasserfall der Engstligenalp, den schneegekrönten Wildstrubel, die Wiesen voller Blumen.

Auch musste ich an die vielen Menschen denken, die für mich zu Adelboden gehörten. Meine Familie, die Kameraden aus der Schulzeit oder auch Originale wie die Gemeindeschwester Rösli Zryd, der Hufschmied Däpp oder der Sattler Hannes Josi.

Schwester Rösli Zryd war eine energische Frau und stets im Dienst der Kranken und Gesunden unterwegs. Sie war eine anspruchslose, geistig rege, originelle Person, klein von Gestalt, die wusste, was sie wollte, und sich nicht zu schade war, auch mal mit dem Schlitten die Dorfstraße hinabzusausen, wenn sie es eilig hatte. Mancher ihrer nützlichen Ratschläge fand auch den Weg in unser Haus.

Die Geschwister Willi, Fredi und Hildi Wäfler (von links).

Hildi vor der Ausreise nach England, im Herbst 1953.

An der Schmiede des Hufschmieds Däpp hatte mein Schulweg vorbei geführt. Oft sah ich ihn, wie er auf seinem Amboss die glühenden Eisen formte.

Ganz in der Nähe war der Sattler Josi zu Hause. Manches mal beobachtete ich ihn, wie er Rosshaarmatratzen vor dem Haus auffrischte. Plötzlich konnte er dann seine Arbeit liegen lassen und ins Dorf hinaufeilen, um die Kirchenglocken zu läuten – er war ja auch für viele Jahre Siegrist der Kirchgemeinde.

Ich zählte die Wochen und Tage bis Weihnachten, denn da durfte ich zum ersten Mal nach Hause. Danach verging die Zeit im Welschland wie im Fluge und ich kehrte nach einem Jahr endgültig nach Adelboden zurück. *Au revoir, à une autre fois!*

Es geht voran

Im zurückliegenden Jahr war in mir der Entschluss gereift, vor meinem vollzeitlichen Dienst in der Heilsarmee die Ausbildung einer Krankenschwester zu ergreifen. Das konnte damals mit neunzehn Jahren geschehen, mit vorausgehendem Einführungskurs. Vorerst waren die Eltern jedoch sehr dankbar für meine Hilfe den Sommer über. Willi war gerade ins Welschland verreist und würde nachher den Beruf eines Elektromonteurs erlernen.

Zuvor waren wir beide in die Reihen der Heilsarmee Adelboden aufgenommen worden. Ich schätzte es, als junges Mädchen ernst genommen und meinen Fähigkeiten entsprechend eingesetzt zu werden.

Eines Morgens verkündete Mutter: „Hildi, vom Montag an habe ich einen dreiwöchigen Nähkurs für dich vorgesehen. Die Zeit ist gerade günstig, bevor die Arbeiten draußen beginnen. Ich werde den Haushalt besorgen und du wirst dich an die Nähmaschine setzen. Ich will unbedingt, dass meine eigene Tochter auch etwas vom Nähen versteht, wenigstens die Grundbegriffe davon kennt." Ich kratzte mich verlegen in den Haaren. Dieser Vorschlag kam völlig unerwartet. Das Stillsitzen bei Handarbeiten fiel mir schon immer schwer. Viel lieber sprang ich als Kind draußen umher. Es gab immer so viel zu entdecken.

Mir kamen sofort jene freien Nachmittage im Winter in den Sinn, an denen ich mich zwingen musste, meine langen Mädchenbeine zu bestricken. Und wenn sich an einem schwierigen Muster ein Fehler einschlich, gab es nichts anderes, als Gang um Gang „aufzuziehen" bis zum Missgeschick und dann weiter zu fahren. Wohl hielten sie herrlich warm, diese fast unverwüstlichen handgestrickten Wollstrümpfe, zu einer Zeit, in der es keine Jeans für Mädchen gab und auch Skihosen nur selten neben dem Skifahren getragen wurden. Ich trug beim Skifahren zwar auch entsprechende Kleidung, aber Skifahren mit Ski ohne Kanten war nicht sehr verlockend für mich, vor allem nicht auf steilen Hängen mit Hartschnee.

Jetzt machte mir meine Mutter also dieses einmalige Angebot. Eine Gelegenheit, die ich wohl ergreifen sollte, zumal ich kaum mit einer Ausrede durchgekommen wäre. „Ja", sagte ich, „ich will es versuchen. Ich hoffe, dass ich das nötige Sitzleder dazu aufbringe." Zugegeben, beim Nähen war bald einmal ein Resultat zu sehen. Mit Flickarbeiten fing ich an. Defekte Hemden erhielten einen neuen Kragen. Unter den vielen Stoffresten im Korb war meistens ein gleiches Stück zu finden, auch für die Bündchen vorne an den Ärmeln.

Bald einmal lockte die Aussicht auf neue Kreationen. Welches Mädchenherz wäre da nicht begeistert gewesen? So entstanden unter Mutters Anleitung eine farbenfrohe Bluse mit Rüschen, dazu ein passender Rock für mich und verschiedene andere Kleidungsstücke. Die Zeit verflog im Nu. Fast bedauerte ich, die drei Wochen nicht verlängern zu können, aber andere Arbeiten waren an der Reihe.

Ein Abstecher ins Aargau

Eine Familie aus Wohlen im Aargau, in den Ferien in Adelboden, versuchte mich für ihren Haushalt zu gewinnen. Ich konnte mich nicht sogleich dazu entschließen. Sie gaben jedoch nicht auf und erwähnten alle Vorteile, die es bei ihnen geben würde. Ich würde ganz allein schalten und walten können, während die Erwachsenen außer Hause arbeiteten, der älteste Sohn in der Lehre war und die beiden Knaben zur Schule gingen. Es wurde mir dann wirklich viel Freiheit gewährt. Ich konnte meine Zeit einteilen, wie ich wollte, einzig das Essen musste pünktlich auf dem Tisch stehen. Die Meistersfrau, sie hatte den Witwer mit den drei Söhnen geheiratet, gab einige Ratschläge, bevor sie am Morgen ins Büro ging. Sie sagte frei heraus, wenn ihr etwas nicht in den Kram passte, hielt aber auch mit Lob nicht zurück. Mir gefiel das selbständige Arbeiten und die Zufriedenheit meiner Vorgesetzten spornte mich an. Während eines halben Jahres besuchte ich die obligatorische Fortbildungsschule in den Fächern Handarbeit, Lebens- und Erziehungsfragen. Was mir Mutter im Nähen beigebracht hatte, konnte ich in meinem Umfeld bestens anwenden. Dem vereinbarten Jahr wurden drei Monate zugefügt. Die Familie setzte alles dran, mich weiterhin behalten zu können, aber mein nächstes Ziel stand schon fest: Ich wollte nach England reisen und meine Schulkenntnisse in der englischen Sprache verbessern.

Weite Welt

Reise nach London

Ich war nur kurz zu Hause, um alles Nötige für den Aufenthalt „ännet dem Kanal“ vorzubereiten. Mutter wollte jedoch auf keinen Fall auf den gemeinsamen Heiligen Abend verzichten und verlegte ihn kurzerhand um vier Wochen vor. Von irgendwoher kam ein Tannenbäumchen – wahrscheinlich von Fredis Pate Fritz Aellig, der zusammen mit seinen beiden Brüdern und seiner Schwester im Nachbarhaus wohnte. Jahr für Jahr versorgte er uns mit einem Tännchen – und zwar einem einwandfreien. Dies konnte auch gar nicht anders sein, denn die Geschwister Aellig machten alles, was sie taten, äußerst gründlich und ordentlich. Das galt für die quadratischen Häufchen auf dem Kartoffelacker ebenso wie für die hohen beschlagenen Bergschuhe, die die gelernten Schuster anfertigten. Kunden durften es nicht eilig haben, wenn es darum ging, neue Schuhe zu bestellen oder alte neu mit Nägeln beschlagen zu lassen. Dafür wussten sie, dass sie an ihren Schuhen auch lange Freude haben würden.

Zu unserem vorzeitigen Weihnachtsbaum gab es auch noch Kerzen, sogar Geschenke und der traditionelle Zopf mit Zubehör. Alles war da, nur eben die weihnachtliche Stimmung ließ sich nicht ganz herzaubern.

Der Reisekorb war schon wieder unterwegs, so blieb mir nur noch, ihm zu folgen. Es war bereits dunkel, als ich mich Anfang Dezember von meinen Lieben verabschiedete und das Postauto bestieg. Unterwegs standen dunkle Gestalten – eine Reihe von Kindern, vor einem erleuchteten Ladengeschäft, die mir mit weißen Tüchern zuwinkten. Das war der Abschiedsgruß einer mir befreundeten Familie. Im Zug, kurz vor der Stadt, schaute der Schaffner lange auf meine Papiere: „So weit wollen Sie noch? Das kann nicht sein. Ist das nicht ein wenig zu viel für Sie?“, fragte er halb mitleidig, halb spöttisch. Ich blieb bei meinem Vorhaben. „Die Unschuld vom Lande“, mochte er gedacht haben, „so jung noch und gegen Mitternacht allein auf dem Weg nach London.“ Oder meinte er, eine Ausreißerin vor sich zu haben? Er teilte mir immerhin noch mit, dass ich in Basel umsteigen müsse. Auch das brachte ich hinter mich.

Zwei andere Mädchen gesellten sich zu mir. Zu Dritt war die Reise ins Abenteuer schon interessanter. Es war eine holprige Fahrt durch die Nacht mit kurzen Augenblicken des Schlafens. Platz, um sich auszustrecken, war genug da. Die mit Ruß verklebten Fenster gaben nur wenig Sicht frei. Gegen vier Uhr sahen wir in einem Bahnhof einen langen Zug mit Männern, die bereits zur Arbeit fuhren. Auf den unendlichen Ebenen Frankreichs zupften schwarz-weiß gescheckte Kühe das spärliche, dürre Dezembergras ab.

Nach einer mehr als zehnstündigen Fahrt atmeten wir beim Aussteigen in Calais die salzige Meeresbrise ein. Hier stiegen wir auf ein modernes, sauberes Fährschiff um. Die Fahrt über den Ärmelkanal bei leichtem Wellengang brachte einige Passagiere in Verlegenheit. Schon bald tauchten in der Ferne die weißen Felsen von Dover auf. Vor dem Aussteigen gab es eine Arzt- und später, vor dem Einsteigen in den Zug, eine Passkontrolle. In einer Halle sah ich die Koffer der Vorgänger aufspringen, Wäsche wurde durchwühlt, Paketchen geöffnet, an Flaschen gerochen. Ich hielt mich zu einem Kontrolleur, der, wie ich sah, schonender verfuhr. Er tippte lächelnd auf meine in Seidenpapier eingewickelten Lebkuchen und meinte: „Wohl etwas zu essen?“ Ich bejahte mit einem ebenso freundlichen Lächeln und durfte die Koffer wieder schließen.

Meine Fahrt ging weiter. In den Vororten von London gab es viel Elend zu sehen. Graue, hohe, schmale Häuser, aneinandergereiht, zum Teil mit Bombeneinschlägen, mit ebenso grauer, zerlumpter Wäsche in den Vorgärten. Im unübersehbaren internationalen Victoria Bahnhof traf ich auf Mr. Muir, meinen künftigen Herrn. Er war zusammen mit meiner Vorgängerin Verena gekommen, ebenfalls einer Schweizerin.

Mein Korb wurde aufgeladen und weiter ging es per Auto in einer einstündigen Fahrt zu meinem endgültigen Ziel. Das war also London. Mir fielen die Zigaretten rauchenden Frauen in den Straßen auf und die Kinderwagen mit den riesigen Rädern, die Ladengeschäfte, die bis zu den Fenstern mit Waren ausgestopft waren, der rege Verkehr auf den Straßen und die roten Doppeldeckerbusse. In den kommenden Monaten sollte ich noch manch andere Seite dieser Weltstadt kennen lernen.

Etwas außerhalb des kleinen Dorfes Beaconsfield in Buckinghamshire erreichten wir das Dutch House, mein künftiges Heim. Das war das Landhaus einer schottischen Familie mit zwei Kindern. Sie nahm mich liebevoll auf.

Man hielt sich hier an die englische, mit Humor gewürzte Lebensweise. Das gefiel mir. Worin lag der Unterschied zu uns Schweizern? Ihr „take it easy“, das vieles leichter nimmt, war mir von Zuhause eher unbekannt. Doch verspürte ich kein bisschen Heimweh und lernte gut Englisch. Mutter erkundigte sich, ob wohl das Siebengestirn, das man bei uns zu Hause von September bis April mit bloßem Auge erkennen kann, auch am englischen Himmel zu sehen sei? Ich wusste es nicht, versprach aber, dies bei nächster Gelegenheit herauszufinden.

Mr. Muir war Direktor einer schottischen Bank in London und fuhr jeden Tag mit dem Zug dorthin. Nebst meinen Aufgaben im Haushalt und mit den Kindern waren die freien Tage Höhepunkte für mich. Jeder Donnerstag war ausgebucht.

Auf Entdeckungsfahrt

Das eine Mal saß ich ganz vorne im oberen Stock eines Busses, ließ die erwachende Natur auf mich wirken, betrachtete die schmalen Gässchen der malerischen alten Dörfer und die kunstvollen Brücken. Ein anderes Mal galten meine Besuche den Universitätsstädten Oxford, Cambridge oder der königlichen Sommerresidenz im Schloss Windsor.

In London waren es alte, geschichtsträchtige Bauten wie die St. Pauls Kathedrale. Sie blieb im zweiten Weltkrieg wie durch ein Wunder verschont, während rundum alles in Trümmern lag. In dieser riesigen Kathedrale hätte das Berner Münster Platz. Im Westminster Abbey erhielt nicht nur Königin Elizabeth II. ihre Krone, auch viele ihrer Vorfahren. Der Tower of London barg ungeheuren Reichtum an Schmuck, Kronen und Wertgegenständen.

In krassem Gegensatz dazu standen die Folterkammern und Hinrichtungswerkzeuge, die dort in den Kellergewölben zu besichtigen waren.

Wenn die Füße schmerzten vom vielen Treppauf, Treppab, ließ ich mich auf dem Rasen in einer der weit angelegten Parkanlagen mitten in der Stadt nieder. Diese Anlagen waren einzigartig, meist dekorativ mit Blumen und Sträuchern bepflanzt.

Das Kernstück von London war wohl der Buckinghampalast. Unermüdlich, in zackigem Schritt, marschierten die Soldaten in ihren roten Jacken, schwarzen Hosen und den dunklen Bärenfellmützen vor dem Palast hin und her. Für die eindrückliche Zeremonie der Wachablösung versammelten sich je nach Jahreszeit und Wetter Hunderte von Zuschauern vor dem Gitter.

Unter all den königlichen und adeligen Häuptern und berühmten Persönlichkeiten stand ich im Wachsfigurenkabinett von Madame Tussaud plötzlich William Booth, dem Gründer und späteren General der Heilsarmee gegenüber. Man zeigte ihn in seiner schlichten, dunkelblauen Uniform. Seine Arbeit als Evangelist und Wohltäter unter den Ärmsten hatte 1865 in den Slums von London begonnen. Diese Leute gewann er für Christus. Viele wurden von ihren Lastern befreit und fanden durch den Glauben Sinn und Inhalt für ihr Leben. Sie wurden zu wertvollen Mitarbeitern in jenem Werk, das zuerst den Namen „Christliche Mission Ostlondon“ trug und von 1878 an „Heilsarmee“ genannt wurde. Innerhalb weniger Jahre breitete sich diese Bewegung über die ganze Welt aus.

In der Royal Albert Hall, dem gigantischen Rundbau mit den nach hinten aufsteigenden Sitzreihen, erlebte ich die Aussendungsfeier der internationalen Offiziersschüler. Es gab auch Schweizer unter ihnen. Nie hätte ich mir an jenem Tag ausmalen können, dass ich mehr als dreißig Jahre später, gerade hier, anlässlich eines Kongresses zu 5000 Heilsarmeeoffizieren aus aller Welt sprechen würde. Ich wurde angefragt, meine Erfahrungen über Gottes Durchhilfe in schwierigen Zeiten weiterzugeben. Aus innerster Überzeugung und voller Dankbarkeit zu Gott konnte ich das tun.

In der Klemme

Oft profitierte ich von den Untergrundbahnen Londons, die mich immer wieder faszinierten. Da ging es unter der Erde kreuz und quer, bis mich die Rolltreppen am Ende so mancher Irrfahrt wieder aus der Tiefe von bis zu drei Stockwerken ans Tageslicht brachten.

Große Anziehungskraft übten auch die mehrstöckigen Warenhäuser auf mich aus. Beim Stöbern fand ich in der Konfektionsabteilung eines solchen Geschäftes ein Plisséekleid mit Jacke aus gleichem Stoff, das mich sofort begeisterte. Gewöhnliche Kleider hatte ich genug, aber kaum etwas für festliche Anlässe. Vor diesem Kleid in blauem Farbton, weder zu hell noch zu dunkel, verblasste jedes andere. Es kleidete die blonde Puppe, an der es hing, sehr vorteilhaft. Bestimmt würde es auch meine bescheidene Garderobe aufwerten. Ich überprüfte mein Bargeld. Es sollte gerade ausreichen, wenn ich mich für den Tag einschränken würde, aber ich war bereit, auf alles andere zu verzichten. Das Retourbillet hatte ich ja in meiner Tasche. Die Anprobe überzeugte mich und das Kleid gehörte mir.

Um 23 Uhr fuhr mein letzter Zug nach Hause. Eine Stunde Fahrzeit musste ich rechnen und dann noch ungefähr zwei Kilometer mit dem Velo hinter mich bringen. Rechtzeitig traf ich im Bahnhof ein. Ich griff in die Tasche nach meinem Billet, aber – oh Schreck – es war nicht mehr da! Mich traf fast der Schlag. Geld hatte ich keines mehr, um eines zu lösen. In meiner Verzweiflung wandte ich mich an den Herrn hinter dem Schalter und erklärte ihm meine missliche Lage. In einigen Minuten würde mein letzter Zug fahren und ich könne mein Billet nicht mehr finden. Kleinlaut gab ich zu, warum ich kein Geld mehr hatte. Dieser Mann aber zeigte keinerlei Verständnis. Ohne Geld könne er mir keinen Fahrschein geben. Ich müsse halt in London übernachten. Das kam für mich nicht in Frage. Ich kannte niemanden, dazu würde sich meine Familie große Sorgen machen, wenn ich morgens nicht da wäre. Und überhaupt, ohne Geld ... Ich hatte den Eindruck, als würde sich dieser Beamte ein satirisches Vergnügen daraus machen, mich in Angst zu versetzen. Die Zeit drängte. Ich flehte ihn an, mir zu helfen. Ich würde anderntags meinen Vorgesetzten vorbeischicken, um die Rechnung zu begleichen. Er traute mir nicht. Das konnte ja jede behaupten. Schlussendlich einigten wir uns auf ein Pfand, aber was sollte ich ihm geben? Mein leeres Portemonnaie? Ich hatte wirklich nichts. Oder doch? Da waren meine neu erstandenen Kleider. Er war einverstanden. In allerletzter Minute zwängte ich sie durch das runde Loch im Glas. Es tat mir im Herzen weh. Dann hielt ich den Fahrschein in der Hand und eilte zum bereitstehenden Zug.

Am nächsten Morgen musste ich mein Missgeschick bekennen. Mr. Muir, ein echter Gentleman, war bereit, die Sache für mich in Ordnung zu bringen. Am Abend übergab er mir mein Eigentum. Ich hätte ihn am liebsten umarmt. Er erzählte mir noch, dass er dem Beamten gehörig seine Meinung gesagt habe. Ein solches Verhalten gehöre sich nicht gegenüber einer jungen Frau im fremden Land. Er hätte bestimmt einen andern Weg finden können, um mir aus der Patsche zu helfen. Hier zeigte sich wieder einmal, dass Mr. Muir sehr hilfsbereit war. So verblüffte es mich, zu sehen, dass sich der Bankdirektor nicht zu schade war, seinem Stammhalter, einem blauäugigen, rötlichblonden Säugling die Windeln zu wechseln und mir ab und zu das Geschirr abzutrocknen.

Die Polizei auf den Fersen

An einem Sonntagmorgen schlüpfte ich in meine erste neue Heilsarmeeuniform mit Halleluja-Hut, die ich mir in der Handelsabteilung in London erstanden hatte. Ich war stolz darauf, sie als Bekenntnis zu Jesus Christus, den ich so sehr liebte, tragen zu dürfen. Dann stieg ich auf mein Fahrrad und fuhr die zehn Kilometer bis zur Stadt High Wycombe. Eine andere Verkehrsverbindung gab es nicht. Dort durchfuhr ich frohgemut, ohne es zu wissen, eine Einbahnstraße in der falschen Richtung. Ich war so sehr damit beschäftigt, den Saal der Heilsarmee zu finden, und außerdem noch nie zuvor in mit dem Fahrrad in der Stadt unterwegs gewesen.

Ich fand den Saal, doch mein erstes Erscheinen dort war wohl eher problematisch. Beim Begrüßen der Anwesenden merkte ich an ihren Gesichtern, dass etwas nicht stimmen konnte. Ich drehte mich um und erkannte zwei

Polizisten hinter mir. Sie waren mir dicht auf den Fersen gefolgt. „Oha lätz!“ Was hatte ich wohl angestellt? Warum waren sie zu zweit gekommen? Ob sie mich mitnehmen wollten? Ich versuchte, ihre Argumente richtig einzuordnen. Es ging um diese Einbahnstraße. Dann war es an mir, sie und die Umstehenden zu informieren, wer da vor ihnen stand. Den beiden Gesetzeshütern ging langsam ein Licht auf. Sie hatten es mit einem Mädchen aus den Schweizer Bergen zu tun, aus einem Dorf mit nur gerade mal einer Hauptstraße – was ich allerdings für mich behielt. Dieses Mädchen war heute zum ersten Mal in ihre Stadt gekommen. Das alles entschuldigte den Vorfall zwar nicht, wirkte sich aber mildernd auf ihr Urteil aus. Vielleicht profitierte ich auch davon, dass „Swiss Girls“ allgemein hoch im Kurs standen bei den Engländern. Es blieb bei einer freundlichen Ermahnung, das nächste Mal die Verkehrszeichen zu beachten. Dies versprach ich ihnen gerne und bedankte mich erleichtert für ihr Entgegenkommen. Dann konnte der Gottesdienst beginnen und ich bekam später nochmals die Gelegenheit, mich allen richtig vorzustellen.

Nach der Veranstaltung erhielt ich spontan eine Einladung zum Mittagessen. Ich staunte über die Vielfalt auf dem Tisch und was alles zu einem englischen Brunch gehörte. Die Zeit mit der Familie war anregend und verging viel zu schnell, bevor ich am späten Nachmittag den Rückweg unter die Räder nahm. Zuvor lud mich der Sohn des Hauses, ein junger Dirigent des Heilsarmeemusikkorps, ein, ihn in nächster Zeit zum Konzert einer berühmten Brass Band zu begleiten. Ich zögerte, und um falschen Hoffnungen zuvor zu kommen, machte ich ihn mit meinen Zukunftsplänen bekannt. Für ihn schienen sie kein Hindernis für eine weitere Begegnung mit mir zu sein. Ich bat ihn, meine Chefin über sein Vorhaben zu informieren.

Es sollte nicht so weit kommen.

Wege und Umwege

Hilferuf

Mein Englandaufenthalt nahm ein abruptes Ende. In einem Brief aus der Heimat war zu lesen, dass sich Mutter einer Nierenoperation unterziehen müsse. Eine ihrer Nieren hatte sich selbstständig gemacht und musste zurückgeholt werden. Das würde keine einfache Sache sein und eine längere Erholungszeit erfordern. Deshalb erwartete mich meine Familie so bald wie möglich zurück. Die Aussichten auf Ferien am Meer in Schottland mit meiner Gastfamilie schwanden dahin. Die Nachricht traf mich hart, doch war ich dankbar für ihr Entgegenkommen. Sie zeigte Verständnis für meine Situation und ließ mich ziehen. Dazu kam aber noch etwas anderes. Nachdem ich mir einige Anschaffungen erlaubt hatte, war mein Kassenstand auf Null gesunken. Eben hatte ich mir ernsthaft vorgenommen, nun Geld für die Rückreise beiseite zu legen. Es war so abgemacht worden, dass ich die Kosten dafür übernehme. Nun gab es keine Möglichkeit mehr, zu sparen. Großzügig, wie er war, lud mich Mr. Muir ein, zu ihm nach London zu kommen. Tränen kugelten mir unaufhörlich die Backen herunter, als er mir das Geld für die Reise in die Schweiz aushändigte, ohne dass ich mich für eine Gegenleistung zu verpflichten hatte. So kam ich wenigstens einmal dazu, seine Bank zu besichtigen, und meine finanzielle Verlegenheit war behoben. Nach nur dreieinhalb Monaten Aufenthalt kehrte ich in der zweiten

Märzhälfte ins Berner Oberland zurück. Unglaublich, wie viel ich in dieser kurzen Zeit erlebt hatte.

Nun wurde ich zu Hause gebraucht; das sah ich ein und ich war auch bereit dazu. Allerdings gerieten meine weiteren Pläne erneut durcheinander. Mutters Operation verlief recht gut, aber ihre Kräfte wollten lange nicht mehr zurückkehren. Sie hatte sich wohl im Laufe der Zeit zu sehr verausgabt.

So war es an mir, mich ins Zeug zu legen. Vater gab sein Bestes. Willi tat, was ihm möglich war neben seiner Lehre als Elektromonteur, und auch Fredi setzte sich mit seinen elf Jahren ein, wo er konnte. Ich hatte reichlich Gelegenheit, mich in Geduld zu üben und Warten zu lernen. Das war nicht gerade meine Stärke. Ich musste das mühsam durchbuchstabieren und erinnerte mich dabei etwa an Mose, den Mann Gottes, der in Midian, in der Nähe der syrisch-arabischen Wüste, 40 Jahre lang die Schafe seines Schwiegervaters Jethro hütete. Der impulsive, am Hof des Pharao in Ägypten aufgewachsene Sohn hebräischer Eltern, hatte dort genügend Zeit, zum geduldigsten Mann der Welt heranzureifen. Dann wurde er zum Befreier seines Volkes aus der Knechtschaft Ägyptens. Nicht, dass ich mich mit Mose hätte vergleichen können – außer vielleicht der Tatsache, dass ich zwar keine Schafe, aber doch ab und zu Vieh hütete.

Trotz allem schaute ich vertrauensvoll in die Zukunft. Ich war ja nicht allein für das zuständig, was kommen würde. Die Verantwortung für mein Leben hatte ich doch schon vor Jahren ganz bewusst in andere Hände gelegt, in die Hände eines starken Gottes, und dort wollte ich sie lassen.

Kein Vergleich

Im Töchterinstitut „Sunny Dale“ wurde für allgemeine Arbeiten und für die Waschküche eine Hilfskraft gesucht. Es war Winter, also eine ruhigere Zeit für uns, und ich meldete mich. In diesem Institut, dem späteren Sekundarschulhaus, wurde ich unwillkürlich mit einer ganz anderen Welt konfrontiert. Das Leben dieser vielfach verwöhnten Töchter aus reichem Elternhause, die aus unseren Nachbarländern und aus Übersee kamen, stand im krassen Gegensatz zu meinem Elternhaus. Manches dieser Mädchen schien nicht wirklich interessiert zu sein an einer schulischen Weiterbildung, wie sie hier angeboten wurde; nicht einmal am Wintersport. Der Aufenthalt in den Schweizer Bergen gehörte wohl einfach zum guten Ton. Ich fand, dass einige sehr verschwenderisch waren in ihren Ausgaben und wählerisch, wenn nicht gar „schnäderfräßig“ im Blick auf das Essen. Da musste ich einige Male schlucken und nahm mir vor, keine weiteren Vergleiche mehr zu ziehen, weil das zu nichts führen würde. Im Grunde genommen hätte ich ja gar nicht mit einer von ihnen tauschen wollen. Ich fühlte mich trotz gewisser Einschränkungen wohl in meiner Haut und war ein glückliches Mädchen.

Als Ergänzung zur Aufgabe im „Sunny Dale“ putzte ich zweimal wöchentlich die Ferienwohnung einer Holländerfamilie im Chalet Friedheim, dem ehemaligen Leinenhaus Maertens. Hier hatte meine Mutter als junge Frau genäht und Lehrtöchter ausgebildet. Die beiden Au-pair-Mädchen, ebenfalls Holländerinnen, hatten sich nur um die beiden Kinder zu kümmern. Aufräumen gehörte scheinbar nicht zu ihrem Tagesplan. Das durfte ich zuerst erledigen, bevor ich zum Reinemachen kam, um mich dann hinterher umso mehr zu sputen. Es war vereinbart worden, dass ich neben einem bescheidenen Stundenlohn noch das Essen erhielt. Als groß gewachsenes, schlankes Mädchen mit viel Bewegung hatte ich eigentlich keinerlei Gewichtsprobleme, doch als die Familie meinen guten Appetit sah, bangte sie um meine Linie – oder doch eher um den Inhalt ihres Geldbeutels? Sie sorgte dafür, dass ich mich am Tisch nur gerade ein Mal bedienen konnte. Den Rest meines Hungers stillte ich dann zu Hause.

Auf den Frühling gab es daheim wieder mehr als genug zu tun. Die Räumlichkeiten benötigten einen Frühjahrsputz. Gewisse Arbeiten in Feld und Garten waren fällig und bestimmten den Tagesablauf. Auch das Vermieten der Wohnungen an Feriengäste nahm Zeit in Anspruch.

An einem schwülen, vorsommerlichen Sonntagmorgen machte ich mich zu Fuß auf den drei Kilometer langen Weg ins Hirzboden. Ich stand meiner Kusine und Namensschwester Patin. Wir wechselten uns ab im Tragen der kleinen Hildegard von ihrem Elternhause bis zur Kirche und befahlen sie dort Gottes Schutz und Segen für ihr Leben an. An diesem Tag war ich auch froh, in England vorausschauend die Kleiderfrage gelöst zu haben mit meinem blauen Plisséekleid – auch wenn damals etliche Umtriebe damit verbunden waren.

Comeback auf der britischen Insel

Nach einem reich befrachteten Sommer ging es auf den Herbst zu. Seit meinem Englandaufenthalt waren inzwischen anderthalb Jahre vergangen, da ermutigte mich meine Mutter, einen zweiten Anlauf zu wagen. Sie wollte versuchen, den Winter hindurch allein mit ihrer Aufgabe fertig zu werden. Das ließ ich mir nicht zweimal sagen. Ich fand auf Mitte November eine Stelle in einem Privataltersheim in Reading, einer großen Stadt in Berkshire. So feierte ich mein „Comeback" auf der britischen Insel. Es war eine vielseitige Aufgabe mit den vierzehn vorwiegend weiblichen Pensionären in einem alten, nicht sehr praktisch eingerichteten Haus mit vielen Treppen. Eine Krankenschwester war für die Pflege zuständig. Für mich gestaltete sich vor allem die Zubereitung des Abendessens recht umfangreich, weil jede Person ihre persönlichen Anliegen vorbringen durfte. Da hatte ich eine Vielfalt von Bestellungen zu erledigen, von Beans on Toast bis Porridge, von Egg and Bacon bis Scrambled Eggs. Wenn ein Menü bereit war, musste es, solange es warm war, sofort in die einzelnen Zimmer serviert werden. Es ging zu wie in einem Restaurant. Auch fand ich es interessant, mich mit diesen Leuten zu befassen und das Gespräch mit ihnen zu suchen. Manches verborgene Schicksal kam zum Vorschein und ich profitierte im Lernen der Sprache.

Meine Freizeit war begrenzt und manchmal war ich auch zu müde, um Entdeckungsreisen zu unternehmen. Einmal jedoch besuchte ich den internationalen Londoner Flughafen Heathrow.

Hier traf ich unverhofft auf die beiden holländischen Studentinnen, die ich als Au-pair in Adelboden kennen gelernt hatte. Sie erkannten mich sogleich und trauten ihren Augen nicht. Das konnte doch nicht wahr sein, dass sie mich, die Putzfrau ihrer einstigen Familie, hier trafen, noch dazu ganz allein unterwegs! Ich bangte beinahe um ihren Verstand. Nein, das war kein Geist, der da vor ihnen stand. Ich war es höchst persönlich, mit Fleisch und Blut, und ich arbeitete sogar in Reading. Ja, auch Raumpflegerinnen sind imstande, eine Stelle im Ausland anzunehmen und eine fremde Sprache zu erlernen. Dazu braucht es kein Hochschulstudium. Nach einem regen Austausch verabschiedeten wir uns und wünschten uns gegenseitig einen guten Tag.

Es gab für mich viel Neues zu entdecken. Bei der Ankunft und dem Abflug der zahllosen Flugzeuge aus aller Herren Länder atmete ich den Duft der großen, weiten Welt. Später wünschte ich mir sehnlichst, nicht allein zu sein in diesen unendlich weitläufigen Bauten. Nicht, dass ich mich nicht zurechtgefunden hätte, aber es wurde mir plötzlich unheimlich zumute. Ich konnte gehen, wohin ich wollte – sobald ich aufschaute, waren zwei durchdringende Augen auf mich gerichtet. Da stand ein Mann, zwischen dreißig und vierzig, in einiger Entfernung direkt mir gegenüber. Sein Blick war undefinierbar auf mich gerichtet. Das änderte sich auch nicht, als ich großzügig mein Umfeld wechselte, die Rolltreppen hinauf und hinunter fuhr und lange Strecken zu Fuß zurücklegte. Ich spürte ein gewisses Unbehagen, wenn nicht sogar Angst. Deshalb entschloss ich mich, den Flughafen kurzerhand zu verlassen, und bestieg einen der Busse in Richtung Trafalgar Square und Piccadilly Circus. Während der Fahrt schaute ich mich um und – oh Schreck – dieser Typ befand sich ebenfalls unter den Fahrgästen. Was sollte ich tun? Ich konnte ja nicht wissen, ob er irgendwo einen Komplizen hatte. Also musste ich mir etwas einfallen lassen. An einer der nächsten größeren Haltestellen verließ ich im letzten Augenblick blitzartig den Bus, rannte über den Platz und bestieg einen anderen, der sich Sekunden später in der entgegengesetzten Richtung in Bewegung setzte. Mein Plan war gelungen. Ich war meinen „Verfolger" losgeworden. Später musste ich mich neu orientieren und fand wohlbehalten nach Hause.

Anfang Juni kehrte ich aus England zurück und nahm meinen Platz zu Hause wieder ein. Dazu brauchte es keine lange Einführung. An den Sonntagen war ich bei gutem Wetter meist auf Bergeshöhe oder auch auf dem Dorfplatz anzutreffen. Ich beteiligte mich an den Freigottesdiensten der Heilsarmee, spielte Gitarre und sang in der Gruppe. Auf diese Einsätze hätte ich nicht verzichten wollen. Die Woche hindurch trafen wir uns in regelmäßigen Abständen unter Burschen und Mädchen. Wir entdeckten die Bibel als abwechslungsreiches, interessantes Buch. Sie gab uns Antworten auf aktuelle Lebensfragen, und die hatten wir jungen Leute im Multipack. Auch diesen Austausch wollte ich mir nicht entgehen lassen. Während fünf Jahren beteiligte ich mich an einem Fernkurs. Monat für Monat erledigte ich schriftlich Aufgaben, die sich mit der Bibel und ihrer Lehre beschäftigten oder mit Biographien bedeutender Menschen, mit Allgemeinwissen und manchem mehr. Pünktlich schickte ich diese Lektionen ein. Sie wurden vom Jugendsekretariat durchgesehen und dann zurückgeschickt. Am Ende erhielt ich ein Abschlussdiplom.

Überraschend anders

Wieder auf der Schulbank

Fünfeinhalb Jahre nach Schulabschluss wurde der Weg endlich frei für mich. Die meisten meiner einstigen Mitschüler standen nach beendigter Lehre oder Ausbildung bereits im Erwerbsleben, waren ihr eigener Herr und Meister oder auf dem besten Weg dahin. Für mich taten sich die Türen zur Handelsschule der Neuen Oberländischen Schule Spiez auf. Ich hatte mir einst einen anderen Weg erträumt. Wenn es nun in Richtung Büroarbeit ging, hätte ich lieber eine kaufmännische Lehre absolviert. Die Umstände ließen dies jedoch nicht zu. Mit einem Gemisch aus Neugier, Freude und auch leichtem Bangen stellte ich mich der neuen Herausforderung. Ob ich nach einer so langen Unterbrechung wieder den Anschluss ans Schulleben finden würde? Ich gehörte ja, mit zwei Ausnahmen, zu den ältesten Teilnehmern. Die meisten Schüler kamen direkt aus der Primar- oder Sekundarschule. So fuhr ich nun jeden Tag mit Postauto und Zug nach Spiez und zurück.

In dieser recht gemischten Gruppe war ich mit meiner Lebenserfahrung und meinen Sprachkenntnissen keineswegs benachteiligt, im Gegenteil. Und die Hirnzellen funktionierten noch bestens. Nebst Sprachen und Korrespondenz war Stenographie mein bevorzugtes Fach. Ich nahm mir von Anfang an vor: „Ich investiere nicht so viel Zeit und Mühe zum Lernen dieser Kurzschrift, nur um sie

Heilsarmee Adelboden, etwa 1952 (Hildi: ganz hinten, ohne Hut).

dann schnell wieder zu vergessen.“ Mit dem Aufkommen des Diktiergerätes war dies nämlich vorprogrammiert. Mein Entschluss bewährte sich auch für künftige Zeiten. Sämtliche Notizen wurden von nun an in Steno verfasst. Meine Notizblätter konnten ruhig offen liegen bleiben, denn fast niemand konnte die Schrift entziffern oder nahm sich die nötige Zeit dazu.

Endlich konnte ich meinen Wissensdurst stillen. Ich sog alles Gehörte in mich auf wie ein trockener Schwamm. Weil meine Eltern jedoch immer noch auf meine Mithilfe angewiesen waren – sei es am Abend oder am Samstag –, war meine Zeit zum Lernen begrenzt. Trotz allem schaffte ich nach einem Jahr einen erfreulichen Diplomabschluss, der sogar in der Zeitung erwähnt wurde.

Lohn genug

Wie sollte es weitergehen? Die Anzahl der Bürostellen im Engstligental waren beschränkt, die wenigen schon besetzt. Ich wollte, wenn immer möglich, in der Nähe von zu Hause eine Anstellung finden. So wagte ich es, mich bei der Direktion der Adelbodner Mineral- und Heilquellen AG vorzustellen. „Ja", sagte der Direktor zu meinem Erstaunen, „wir haben soeben darüber diskutiert, eine weitere Person in unserem Bürobetrieb einzustellen. Schicken Sie uns doch Ihre Bewerbung mit allen erforderlichen Unterlagen und dann werden wir uns entscheiden." Beschwingt eilte ich nach Hause und bewarb mich um die Stelle. Nach einiger Zeit kam ein Brief mit der Bestätigung, dass ich auf 1. Dezember eintreten könne. So war wider Erwarten eine Tür aufgegangen. Nach einer dreimonatigen Einführungszeit, in der ich noch lernte, was mir an praktischer Erfahrung fehlte, erhielt ich auch den vollen Lohn ausbezahlt.

Ich fühlte mich sofort wohl in meiner neuen Umgebung. Wir hatten ein gutes, kollegiales Verhältnis untereinander. Die Menschen schätzten die Vorzüge des Adelbodner Mineralwassers mehr und mehr, und ständig galt es, neue Wege und Methoden zu finden, um die Produkte noch mehr bekannt zu machen. Hektisch wurde es vor allem im Sommer, während der heißen Jahreszeit. Da mussten oft Überstunden eingeschaltet werden in der Produktion, um den Bestellungen gerecht zu werden. Der ganze Betrieb war ja noch in der Entwicklungsphase. Mit der Zeit kam es fortwährend zu technischen Neuerungen und zum Austüfteln von weiteren gaumenfreundlichen Rezepturen.

Da ich nun einen regelmäßigen Lohn hatte, nahm mich eines Tages meine Mutter zur Seite: „Hildi, hör mir mal zu. Die Witwe A. kam zu mir. Sie hat ja vier Kinder und fragte mich, ob ich ihr nicht aushelfen könnte. Sie befindet sich in einer verzwickten Lage." Die Mutter schien bekümmert, während sie das sagte. „Ich musste ihr leider sagen, dass wir nicht in der Lage sind, sie zu unterstützen. Deshalb bitte ich nun dich, ihr die nötigen Franken zu geben. Du erhältst ja jetzt regelmäßig deinen Lohn." Ich atmete tief durch. Ja, es stimmte, dass ich endlich anfangen konnte, mein erstes Geld auf die Seite zu legen. Ich musste ja dringend etwas für meine unmittelbare Zukunft sparen. Deshalb zögerte ich, denn das, was die Mutter von mir erwartete, entsprach fast der Hälfte meines Monatslohnes. „Hildi, ich bitte dich dringend, dieser armen Frau, die so viel Schweres durchgemacht hat, entgegenzukommen. Ich weiß, sie wird dir nichts zurückgeben können." Diese Bitte konnte ich einfach nicht abschlagen, zumal es immer noch in meinem Hinterkopf hämmerte: „Hildi, ich sage dir, sei gut zu den Armen!"

Ohne es zu wissen, hatte mir meine Mutter an diesem Tag eine Lektion fürs Leben erteilt, weil Geld, das auf der „Himmelsbank" angelegt wird, tausendfach Zinsen trägt – nicht erst im Jenseits, sondern schon hier auf Erden. Erst später sollte ich erfahren, wie oft mich Gott in materiellen Belangen unerwartet beschenkte.

Der kranke Vater

Inzwischen arbeitete ich nun schon ein halbes Jahr auf dem Büro der Mineralquelle, nur ein Katzensprung von meinem Zuhause entfernt. Es war an einem Samstag im Mai. Mein Vater war auf der Wiese beschäftigt. Zu dieser

Jahreszeit war das Düngen des Landes angesagt, das Mistbrechen. Es geschah immer noch von Hand mit der Gabel, so wie bereits vor 23 Jahren, als ich geboren wurde. Einzig der Dung wurde maschinell aufs Feld gebracht. Der Tag war heiß und wolkenlos. Die Arbeitenden gerieten arg ins Schwitzen.

Vater hatte sich in letzter Zeit mehr als einmal geäußert, dass ihm die Arbeit nicht mehr so leicht falle wie früher. Trotzdem gab er sein Bestes. Es fiel gar nicht auf, dass er ernsthaft krank sein könnte. In seiner stillen, zurückgezogenen Art hörte man ihn so gut wie nie klagen. An jenem Tag jedoch war er am Ende seiner Kräfte. Entschlossen steckte er seine Gabel in die Erde und sagte: „Ich mag einfach nicht mehr!“ Das war seine letzte Arbeit draußen.

Es stellte sich nach einigen gründlichen ärztlichen Untersuchungen – unter anderem bei einem Spezialisten in Bern – heraus, dass alle vier Herzklappen nicht mehr richtig funktionierten. Sein Herz hatte zeitlebens doppelt arbeiten müssen, weil immer ein Teil des Blutes in den Kammern zurückbehalten wurde. Wahrscheinlich war bei ihm einmal in jungen Jahren eine Angina oder eine Endokarditis nicht auskuriert worden und hatte diesen Herzschaden verursacht. Das war für alle ein harter Schlag. Operationen auf diesem Gebiet waren zu jener Zeit selten und ohne Krankenkasse kaum zu bezahlen.

So kam es, dass der erst 53-Jährige uns vom Liegestuhl aus schweren Herzens beim Heuen zusah. Im September durfte er für vierzehn Tage seine allerersten Ferien im mennonitischen Erholungsheim auf dem Bienenberg im Baselland verbringen. Es gefiel ihm dort und tat seiner angeschlagenen Gesundheit gut. Er schätzte das christliche Umfeld, die Andachten des Leiters Samuel Gerber und die wohltuende Atmosphäre.

Zeitweise schien es, als ob sich Vater erholen würde. Es gab Anzeichen dafür, doch sie waren nur Trugschluss. Ende Oktober durften die Eltern silberne Hochzeit feiern – Vater vom Bett aus. Es gab Blumen, Geschenke, Glückwünsche, Besuche. Trotz der Wermutstropfen an diesem Festtag war Dankbarkeit zu spüren für all die Wohltaten Gottes während der vergangenen fünfundzwanzig Jahre. Nach diesem Meilenstein ging es jedoch abwärts mit Vaters Gesundheit. Das sich stauende Wasser war kaum mehr wegzubringen. War es vorderhand nur in den Beinen, stieg es bis zur Herzgegend auf.

Ein Lichtstrahl

Die Stimmung zu Hause war bedrückt, eher düster. In diesem Herbst brach ein für mich sehr wertvoller Lichtstrahl durch die finstere Wolkenwand. Ein gutaussehender, junger Mann, um einiges größer als ich, begehrte mich zu sprechen. Er war in meinem Alter und in seiner galanten Art war er mir schon seit längerer Zeit angenehm aufgefallen. Dabei hielt er sich gar nicht so oft in Adelboden auf. Die meiste Zeit arbeitete er auswärts, sei es auf dem Bahnpostamt in Bern oder als Stellvertreter bei der Postzustellzentrale in Schwanden bei Brienz, in Interlaken oder anderswo. Doch zwischendurch, vor allem in der Saison, war er auch immer wieder mal in seinem Heimatort. Viele Tage hatte er im Militärdienst verbracht, wo er zuletzt als Sanitätswachtmeister im Einsatz war. Wenn er daheim bei seinen Eltern im Bondertal wohnte, spielte er auch in der Blasmusik der Heilsarmee mit. Wir sahen uns jeweils nur kurz, ohne dass es zu näheren Kontakten kam.

Er wusste, dass ich mich für den vollzeitlichen Dienst zur Verfügung gestellt hatte, und ich war mir nicht sicher, ob auch er sich einen solchen Weg für die Zukunft vorstellen könnte. So oder so war ich bereit, mein Versprechen Gott gegenüber einzuhalten, wusste aber um das Vorrecht und die Vorteile eines gemeinsamen Lebensweges in diesem Auftrag.

Ganz unabhängig von meinem Werdegang war Peter, so hieß der junge Mann, innerlich zur Gewissheit gekommen, dass Gott auch ihn für einen solchen Langzeiteinsatz haben wollte. Er zögerte. Ihm bangte vor der Größe der Aufgabe und den Konsequenzen, die damit verbunden sein würden. Deshalb bat er Gott um eine Bestätigung, dass dies der von ihm gewollte Weg für ihn sei. So kam es dann zu einer klärenden Aussprache zwischen uns beiden, die zu einem guten Ende führte. Wir waren nicht nur aneinander interessiert, nein, es war bereits ein Funke übergesprungen. Dieser Funke sollte sich zur Liebe fürs Leben entfachen.

Meine Mutter war sehr erfreut über diese Neuigkeit. Sie hatte bei Peters Vater ihre letzten Schuljahre in der erweiterten Gemeinde-Oberschule verbracht, dem Vorläufer der Sekundarschule. Er war ein Lehrer, den sie sehr schätzte, der sie vor allem auch in den Sprachen und im ernsthaft und selbständig Arbeiten gefördert hatte. Sie erzählte mir von seiner sozialen Einstellung. So hatte er eingeführt, dass die Kinder nach einem langen, schneereichen Schulweg ihr oft untaugliches Schuhwerk ausziehen und in wärmende Stubenschuhe wechseln konnten. Er hatte ihnen Flöten angeschafft und sie darin unterrichtet. Viele der Auslagen bezahlte er aus seiner eigenen Tasche.

Familie Hari-Germann, Peter in Militär-Uniform hinten links.

Von Mutter war ich lange vor Peters Erscheinen über die kinderreiche Familie unterrichtet worden. Sie wohnte im Bondertal, am Fuße des Lohners, gegenüber der einst mehr als 100-jährigen Adelbodnerin Rösi Hari, von der Josy Doyon in ihrem Buch „Im Schatten des Lohners" berichtet. Mutter wusste auch um die Intrigen innerhalb der Gemeinde zur Zeit eines Lehrerüberschusses. Sie führten, zusammen mit einigen Vorwürfen gegen ihn, zur frühzeitigen Pensionierung von Lehrer Christian Hari. Er konnte sich nicht einverstanden erklären mit den Bedingungen, die an ihn gestellt wurden. Jene Ereignisse führten aber auch zu einem totalen Bruch des Vaters mit der Landeskirche und dem damaligen Pfarrer, der Schulkommissionspräsident war. So betrüblich die ganze Angelegenheit war, für mich sollte sie positive Auswirkungen haben, wenn auch erst einige Jahre später. Wer weiß, ob

Peter ohne diese Zerwürfnisse je mit der Heilsarmee und mit mir in Berührung gekommen wäre? Seine beiden jüngeren Brüder wurden nämlich nicht mehr in der Kirche getauft, sondern in der Heilsarmee eingesegnet.

Peters Vater, Christian Hari, hatte im Schuldienst neue Wege beschritten. Dabei behielt er doch immer das Wohl der Kinder und seiner Mitbürger im Auge. Als junger, abstinent lebender Lehrer setzte er sich für die suchtgefährdete Jugend ein. Der Kirchgemeinde hatte er 25 Jahre als zuverlässiger Organist gedient, war freiberuflich patentierter Bergführer, interessierte sich für die Gemeindepolitik und stellte, hauptsächlich in späteren Jahren, seine alten Häuser internationalen Pfadfinderlagern und anderen Gruppen zu Ferienzwecken zur Verfügung. Daneben betrieb er mit Frau und Kindern auf unkonventionelle Art Landwirtschaft. Viele belächelten ihn, wenn er als Erster Heu auf den Heinzen trocknete oder andere seltsame Wege einschlug. Später taten sie es ihm gleich. Manchen Tipp holte er sich aus Radiovorträgen. Das Kommunikationsmittel Radio erlaubte ihm, der Nachbarschaft in der weiteren Umgebung Wetterprognosen mitzuteilen. Viele konnten sich ja dieses Gerät nicht leisten oder waren der neuzeitlichen Erfindung gegenüber misstrauisch.

Nur mit dem Scheitern in der Schule konnte sich Vater Hari nie ganz abfinden.

Unvergesslicher Abschied

Ernste Augenblicke

In jenem Herbst trafen uns neben Vaters Krankheit noch andere Unannehmlichkeiten. Es gab harte Schläge im Stall: Ein junges Rind musste notgeschlachtet werden. Es war auf der Weide von einer Blähung überrascht worden und nicht mehr zu retten. Auch bei einem Schwein blieb nichts anderes übrig, als den Metzger zu rufen. Beide Male konnte das Fleisch verwertet werden, aber wir mussten es laut gesetzlichen Bestimmungen privat verkaufen. Ich war gezwungen, von Haus zu Haus Bestellungen aufzunehmen und die Leute nach Wunsch zu beliefern. Es konnte kein voller Preis verlangt werden, so blieb ein beträchtlicher Schaden zurück. Es schien, als hätte sich einiges gegen uns verschworen, doch im Rückblick beurteilten wir es ganz anders: Es war eher eine Vorbereitung darauf, was folgen würde. Manch innerer Kampf wurde in jenen Monaten zwischen Hoffen und Bangen ausgefochten. Es kam zu Gesprächen, die in der Hektik des Alltags nie möglich gewesen wären. Die Familie wurde zusammengeschmiedet. Jeder brauchte den anderen. Es war selbstverständlich, dass wir jede freie Minute ausnutzten, um unsere Mutter tatkräftig zu unterstützen. Vater hatte gelernt, manch Liebgewordenes loszulassen, damit zu rechnen, dass er eventuell nie wieder ins volle Leben zurückkehren würde. Einmal sagte er: „Ob ich jetzt sterbe oder noch einige Jahre länger lebe, darauf kommt es nicht so sehr an; Hauptsache ist, dass ich bereit bin dazu." Erbangelegenheiten waren unwichtig geworden, überhaupt betrachtete Vater das Leben jetzt aus einer anderen Perspektive.

Im November nahm die Mutter an einer Klassenzusammenkunft teil. Sie lachte viel und von Herzen an jenem Abend unter ihren früheren Klassenkameradinnen. Sie wussten sich so vieles zu erzählen. Hinterher machte sie sich Vorwürfe: „Ich war so unbeschwert fröhlich und hatte daheim einen schwerkranken Ehemann." Wir beschwichtigten sie: „Mutter, du kommst nur selten aus dem Haus. Du durftest wieder einmal lachen und alles Belastende auf der Seite lassen. Dieser Abend hat dir gut getan, mach dir kein Gewissen."

Der November war trübe und nebelumwoben. Es kam zu vereinzelten, ersten Schneefällen. Auch zu Hause war einiges wie verschleiert und undurchsichtig. Vater war nun ständig ans Bett gebunden, hatte keinen Appetit mehr, seine Kräfte nahmen ab.

Auf Anfang Dezember war ich leihweise für die Wintersaison zur Automobilverkehr Frutigen-Adelboden AG versetzt worden. Es wäre eigentlich eine längere Einführungszeit nötig gewesen, um all das Neue in mich aufnehmen zu können. Doch nun war ich da und musste das Beste aus der Situation machen. Solange ich meine Kollegen bei Bedarf um Rat fragen konnte, ging alles gut, aber ab und zu und immer öfter, wie mir schien, war ich mir selbst überlassen. Trotz allem gefiel es mir gut. Nicht zuletzt, weil mein Liebster in diesem Winter im selben Gebäude ein- und ausging.

Im Dezember überschlugen sich nun die Ereignisse. Am Freitag, dem 5. Dezember, musste Vater notfallmäßig ins Spital. Bevor er die Wohnung im 1. Stock verließ, wollte er noch einen Blick in das Zimmer werfen, das hinten am Entstehen war. Er selbst hatte mit dem Anbau begonnen – nun war alles seit Monaten liegen geblieben. „Es gibt eine gefreute Sache“, meinte er, „vielleicht sehe ich das Ganze noch einmal, vielleicht auch nicht.“ Er sollte es nie mehr sehen.

Am Sonntagmorgen um sechs Uhr läutete das Telefon. Wir hatten es erst vor Kurzem installieren lassen. Eine Schwester des Spitals meldete sich, um uns mitzuteilen, dass unser Vater keine gute Nacht verbracht habe. Sie mussten ihm mehrere Spritzen gegen die Schmerzen verabreichen. Nun bat sie uns, sobald wie möglich zu kommen. Es gehe wahrscheinlich darum, Abschied zu nehmen. Ein Bruder meiner Mutter erklärte sich bereit, uns in seinem Auto nach Frutigen zu bringen.

In Frutigen kam mir in den Sinn, dass an diesem zweiten Adventssonntag die Holzöfen in der Heilsarmee wohl kalt bleiben würden, wenn sich niemand ihrer annahm. Ich hatte mich nämlich bereit erklärt, die Aufgabe des Heizens den Winter hindurch zu übernehmen. So rief ich eine meiner Kolleginnen aus dem Bett und bat sie, den großen und den kleinen Saal für den Gottesdienst und die Sonntagsschule zu heizen, was sie gerne für mich tat.

Heimgang

Der Vater zeigte eine unbändige Freude, als er uns um sein Bett versammelt sah. Wahrscheinlich hatte er in der Nacht damit gerechnet, uns nie mehr zu sehen. Es ging ihm etwas besser. Er erzählte von seinen durchstandenen

Qualen und meinte: „Vielleicht geht es mir am Nachmittag etwas besser.“ Wir waren etwa drei Stunden bei ihm. Er war bei klarem Bewusstsein und ohne Schmerzen. Eine Diakonisse las den 23. Psalm: „Der Herr ist mein Hirte.“ Miteinander sangen wir das Lied: „Näher, mein Gott, zu dir, näher zu dir.“ Zwischendurch legte der Vater uns drei Kindern und seiner Frau Rosina ans Herz, einander weiterhin in aller Liebe beizustehen, auch in der täglichen Arbeit: „Tüet de grüslig gäbig änandere hälfe“ – helft einander in aller Liebe –, war eines seiner Anliegen. Gegen zehn Uhr rief er jedes der Kinder mit Namen zu sich, sagte einige Worte zu ihm und gab ihm einen Kuss. Ebenso verabschiedete er sich auch von seiner geliebten Ehepartnerin Rosina. Der Leidende saß aufrecht in seinem Bett, auf Kissen gestützt.

Als die Sonne ihre ersten Strahlen über die Bergspitzen ins Krankenzimmer schickte und die Kirchenglocken im Dorf zu läuten anfingen, lehnte sich Vater leicht nach hinten zurück, hob den Kopf wie auf einen Ruf hin schräg nach oben zur Decke und blieb in dieser Stellung. Kein Laut war zu hören, kein Wimpernzucken zu sehen. Auf die Frage von Mutter: „Was siehst du, Wilhelm?“, gab er keine Antwort mehr. So erhielt der zweite Adventssonntag besondere Bedeutung für uns. Später kam der Arzt, sprach sein Beileid aus und redete von einem zu frühen Tod. Dann drückte er die hellblauen Augen für immer zu. Wir waren tief ergriffen, kaum fähig, ein Wort zu sprechen. Es war uns, als hätte der Himmel die Erde berührt und als wäre ein Stück davon zurückgeblieben. Oder wie es Hedwig von Redern beschreibt:

„Ach nein, das ist kein Sterben, wenn Christen heimwärts gehn, es ist nur ein Verwandeln vom Glauben in das Sehn. Es ist ein Aufwärtsschwingen, dahin, wo sie zu Haus, von Fremdlingschaft zur Freiheit, zur Ruh vom Weltgebraus. Sie gehn vom Erdendunkel ins helle, schöne Licht, sie tauschen Kreuz mit Krone vor Jesu Angesicht."

Wir wussten: Vater ist dort angekommen, wo es kein Leid, keinen Schmerz und keine Tränen mehr gibt. Unsere Trauer, unser Schmerz über den Verlust waren groß, aber wir waren durch die Art, wie er heimging, wunderbar getröstet worden.

Nun konnten wir auch einen Zusammenhang erkennen zwischen Vaters Gebeten am Familientisch und seinem allzu frühen Tod. Immer wieder mal waren die Worte über seine Lippen gekommen: „Herr, lehre uns bedenken, dass wir sterben müssen, auf dass wir klug werden" (Psalm 90,12). Hier wird eine wichtige Frage aufgeworfen: Bin ich auf dem richtigen Weg und erreiche ich das mir von Gott gesetzte Ziel auch wirklich? Als Kinder und junge Erwachsene regten wir uns eher darüber auf. Wir wollten nicht immer wieder ans Sterben erinnert werden. Wir waren jung und wollten leben. Nun begannen wir zu begreifen. Gott hatte sich nicht für eine Heilung entschieden, aber war auf Vaters Bitte um ein seliges Ende eingegangen. Sein Weggang von dieser Welt weckte in mir der Wunsch, auch einmal so sterben zu dürfen.

Bis zur Beerdigung wurde unser lieber Vater zu Hause aufgebahrt. Verwandte, Freunde und Nachbarn kamen, um ihn noch einmal zu sehen, um ein paar Worte mit der Trauerfamilie zu wechseln. Wir spürten dabei viel Liebe. Von Fredis Schule kam eine Gruppe Neuntklässler, um am Sarg ein Lied zu singen. Auch sie versuchten, sich in die Lage ihres Schulkameraden zu versetzen.

Die Beerdigung

Zwei Männer machten die Runde von Haus zu Haus im Dorf und im Tal, zum „z'Liich hiessä" – um zur Beerdigung einzuladen. Dann kam Mittwoch, der 10. Dezember. Frischer Schnee war gefallen. Die Landschaft lag wie unter einem weißen Leintuch. Sänger der Heilsarmee umrahmten die Feier mit Liedern. Pfarrer Schaub sprach tröstende Worte aus der Bibel. In der Friedhofskommission hatte der Vater früher mit ihm zu tun gehabt. Der Pfarrer hatte einmal meiner Mutter verraten: „Wilhelm äußerte sich nicht oft, aber wenn er etwas sagte, dann waren es brauchbare Vorschläge." Vater war dem Friedhofsgärtner ab und zu beigestanden oder, wenn nötig, für ihn eingesprungen. So oft hatte er Gräber mit Pickel und Schaufel ausgehoben. Bei lang anhaltenden Regenfällen mussten die Wände vor Einsturz abgestützt werden. Es war eine mühsame Arbeit, die ihre Spuren auch an den Kleidern hinterließ. Vater war bereit gewesen, diesen Dienst an seinen Mitbürgern zu tun. Auch half er oft später bei der Abdankung, wenn der Sarg an Seilen in die Erde hinuntergelassen wurde. Nun durfte er selbst ein vorbereitetes Grab beziehen. Auf dem Sargdeckel prangte ein wunderschönes, leuchtendes Arrangement aus rosaroten Nelken, wohltuend für die traurigen Gemüter, ein Farbtupfer in der erstorbenen Landschaft. Eine langjährige Ferienfamilie aus der Stadt Luzern hatte es uns zukommen lassen als Zeichen der Wertschätzung und der Verbundenheit. Die Anteilnahme in der Bevölkerung war groß. Einer der ihren war mitten aus dem Leben gerissen worden.

Der Tod hatte noch ein weiteres Opfer gefordert. Ein junger Bursche war, ebenfalls am Sonntag, auf einem Weg am Wildstrubel abgerutscht und tödlich verunglückt. Die Beerdigung fand am Nachmittag des gleichen Tages statt. Bergkameraden des Verstorbenen trugen ihn im Sarg an unserem Haus vorbei zum Friedhof. Wir spürten: Wir sind nicht allein in unserer Trauer. Auch konnten wir mitfühlen mit den leidgeprüften Eltern, den Geschwistern und der Freundin des Verunglückten. So viel Leid an einem einzigen Wochenende.

Es gab viele Umtriebe rund um Vaters Tod und Begräbnis. Unversehens war es Weihnacht geworden. Keinem von uns war es ums Feiern. Das Geschehnis lag zu nahe. Die Lücke war zu groß und zu schmerzhaft. Lieder blieben im Hals stecken und riefen Tränen hervor. Wir erinnerten uns an Vaters Leben, die Monate seines Leidens und an das letzte Zusammensein mit ihm, an seine lieben Worte: „Tüet de grüslig gäbig änandere hälfe." Unzählige Male erlebten wir das Ganze noch einmal. Im Austausch geschah Verarbeitung. Besonders für unsere Mutter war es ein großes Bedürfnis, sich mitzuteilen. Wie es bei vielen Hinterbliebenen der Fall ist, klagte auch sie sich an: „Ich hätte Vaters Zustand eher erkennen und ihn zum Arzt schicken müssen. Wie konnte ich nur so blind sein. Vielleicht hätte ihm geholfen werden können, wenn wir früher darauf gekommen wären. Er war immer so geduldig, ohne sich zu beklagen." Andererseits verspürten wir einen großen Frieden, eine tiefe Geborgenheit. Wir waren keinem blinden Schicksal ausgeliefert. Anhand unserer Erlebnisse am Sterbebett ließen wir später die Worte auf den Grabstein anbringen: „Der Tod ist verschlungen in den Sieg." Nicht der Tod, auch nicht die Trauer sollte das letzte Wort haben. Der Vater und auch wir durften hineingenommen werden in den Sieg, den Jesus für uns am Kreuz auf Golgatha errungen hatte, als er ausrief: „Es ist vollbracht!"

Dieser Jesus war nicht im Grab geblieben, sondern an Ostern auferstanden – und wir spürten, dass er lebt.

Alles im Umbruch

Eine Grippe mit Auswirkungen

Anfang des neuen Jahres erkrankte ich an einer Angina. Wie immer über den Jahreswechsel war Hochsaison, jede Ferienwohnung, jedes Hotelbett waren besetzt. Von einem Tag auf den andern konnten sich zehntausend Personen mehr in Adelboden aufhalten. Es wäre mir jedoch unmöglich gewesen, im Autobüro meinen Platz auszufüllen. Ich musste es akzeptieren, ob ich wollte oder nicht. Mit den Mitteln, die mir der Arzt verschrieben hatte, konnten die starke Halsentzündung und das Fieber überwunden werden. Was hinterher kam, war aber viel schlimmer. Ich durfte die Arbeit wieder aufnehmen, aber am ganzen Körper, vom Scheitel bis zu den Zehen, breitete sich ein Ekzem aus. Einzig das Gesicht blieb davon verschont.

Der Hautspezialist in Thun stellte Schuppenflechte fest. Zum Glück wusste ich damals noch nicht, dass Psoriasis von den Ärzten als unheilbar eingestuft wird. Ich erhielt Medikamente und Ratschläge und versuchte, gewissenhaft alles zu befolgen. Dazu brauchte ich erhebliche Zeit. Am Abend vor dem Zubettgehen strich ich eine Art flüssigen Gips auf den ganzen Körper, wahrscheinlich, um den Juckreiz erträglicher zu machen, das Kratzen einzudämmen und das Ekzem auszutrocknen. Am Morgen vor der Arbeit musste ich alles wieder abwaschen. Ich stellte mit der Ernährung um, badete in Kleiebädern, trank Gesundheitstee – doch vergeblich. Ich konnte unternehmen, was ich wollte, der Ausschlag nahm zu. Es kam so weit, dass mir vor mir selbst ekelte. Aus hygienischen Gründen versuchte ich, die abfallenden weißen Schuppen aus dem Gesichtsfeld anderer zu verbannen. Es war auch belastend, dass die Kunden am Schalter den Ausschlag auf meinen Handrücken sahen. Am Körper aber sah es weit schlimmer aus. Das Ganze dauerte viele Wochen und keine Besserung war in Sicht. Auch der Arzt hatte alle Möglichkeiten ausgeschöpft und war mit seiner Weisheit am Ende. Ich wusste, wenn mir einer helfen kann, dann ist es der, der mich geschaffen hat, der die Funktionen meines Körpers bestens kennt. Diesem Einen erklärte ich meine verzweifelte Situation. Ich sagte ihm auch, dass ich mich unter diesen Umständen niemals würde um Menschen kümmern können. Innerlich schrie ich Tag und Nacht zu meinem Gott; und ich tat das Unbegreifliche: ich dankte Gott im Voraus für die Heilung. Damit rechnete ich nämlich felsenfest. Und siehe da, nach drei Monaten fing meine Haut an zu heilen. Es brauchte noch eine lange Zeit, wenn nicht Jahre, bis auch die letzte Spur hinter den Ohren verschwunden war. Bei meinem letzten Besuch beim Spezialisten bereitete er mich vorsichtig darauf vor, dass die Krankheit natürlich wieder auftreten könne. Ich war jedoch davon überzeugt, dass sie niemals wieder ausbrechen werde. Und so war es auch. Mein Schöpfer hatte mir zu einer völlig neuen, makellosen Haut verholfen.

Was nun?

Eine Frage wurde nun im Hause Wäfler immer dringender: „Wie geht es weiter?“. Wir konnten den landwirtschaftlichen Betrieb unmöglich so weiterführen wie bisher. Fredi würde im Frühjahr aus der Schule entlassen und konfirmiert werden. Die Mutter wollte ihm den Weg seines Vaters ersparen, der nach Schulaustritt mit seinem Zwillingsbruder zusammen den elterlichen Betrieb weiterführte, ohne eine Berufsausbildung machen zu können. Für sie war klar: „Fredi wird zu allererst einen Beruf erlernen." Er hatte bereits eine Lehrstelle als Sanitär-Installateur in Aussicht. Willi war zu einem guten Abschluss mit seiner Ausbildung gekommen. Nur teilzeitlich auf seinem Beruf als Elektromonteur zu arbeiten, wäre für ihn nicht möglich gewesen. Die Landwirtschaft allein hätte ihm und einer späteren Familie kein Auskommen gesichert. Deshalb schien es die beste Lösung zu sein, das Land einem Pächter zu übergeben. Es gab Interessenten genug. So entschloss sich Mutter schweren Herzens zu diesem Schritt. Sie war mit Leib und Seele Bäuerin gewesen, wusste aber auch um ihre Angina pectoris, die ihr trotz Medikamenten zu schaffen machte. Sie liebte ihre Tiere und hatte zu jedem einzelnen eine Beziehung. „Edelweiß" drehte sich sofort nach ihr um, wenn Mutter den Stall betrat, und sah sie mit ihren dunklen Augen treuherzig an. Die Kuh wartete geduldig auf ein Kraulen an der Stirn oder darauf, dass sie beim Füttern an die Reihe kam. Anders verhielt sich „Gölda". Sie muhte und stampfte ungeduldig mit den Beinen und wirbelte den Schwanz durch die Luft, um ihren Hunger zu bekunden. „Nur nicht so ungeduldig, Gölda", ermahnte Mutter sie dann liebevoll, „du bekommst schon noch, was dir gehört." Mutter kannte die Besonderheiten jeder Einzelnen. Es tat ihr im Herzen weh, diese Tiere, die ihr ans Herz gewachsen waren, verkaufen zu müssen. Deshalb nahm sie im Voraus von ihnen Abschied, streichelte jedes Einzelne, versprach ihnen, dass sie es gut haben und es ihnen an nichts fehlen werde. Als sie dann aus dem Stall geholt wurden, war Mutter nirgends zu sehen. Es hätte ihr das Herz zerrissen, den Abtransport miterleben zu müssen.

So viel Schweres wurde unserer Mutter in jenen Wochen schlagartig zugemutet. Es brauchte viel, bis sie einigermaßen über den Verlust ihres Gatten und die umwälzenden Veränderungen im Haus hinwegkam. Wir bangten um ihr seelisches Gleichgewicht, doch fand sie immer wieder Halt in ihrem Glauben. Das Gebet und das Wort Gottes wurden ihr auch jetzt in ihrer größten Prüfungszeit zur Kraftquelle. Ganz heilte die Wunde jedoch nie, das Heimweh nach ihrem Wilhelm blieb.

Nach bernischem Recht musste das Erbe aufgeteilt werden, wenn auch nur auf dem Papier. Der Witwe wurde nur ein Viertel des Nachlasses zugesprochen. Die restlichen Dreiviertel fielen den Kindern zu. Ich fand diese Verfügung ungerecht. Was da war, hatten die Eltern mit ihrem Fleiß und ihrer Ausdauer erarbeitet. Ohne ihren persönlichen Einsatz hätten wir kaum existieren können. Von meiner Sicht aus hätte die Mutter Anrecht auf einen viel größeren Anteil gehabt. Erst viele Jahre später wurde diese Verfügung geändert.

Fredi erhielt, weil noch minderjährig, einen Beistand. Auch ihn, als den Jüngsten, hatte es hart getroffen. Gerade in seinem Alter hätte er den Vater so nötig gebraucht – doch der war jetzt nicht mehr da.

Wechselbad der Gefühle

Zum Ende der Wintersaison nahm ich wieder meinen Platz bei der Mineralquelle ein. Einen Vorteil hatte mein Ausflug zur Automobilverkehrs-AG ja gehabt: Ich wurde um fast vierzig Prozent besser entlöhnt. Auf Anregung eines Mitarbeiters bat ich deshalb die Direktion der Mineralquelle, dieses Lohnniveau beibehalten zu dürfen. Das wurde mir zugestanden und hatte auch Auswirkungen auf andere Gehälter. Darüber freute ich mich sehr, weil ich jetzt einfach auf den Verdienst angewiesen war.

Für die Gesundheit meiner Mutter war es einerseits besser, das Leben etwas ruhiger nehmen zu können. Wir wussten um ihr Herzleiden. Andererseits war Beschäftigung heilsam für sie. Doch auch ohne Landwirtschaft blieb ihr noch genug zu tun mit Haushalt, Garten und der Vermietung der Ferienwohnungen.

Freud und Leid lagen so nahe beieinander und sorgten oft für eine gemischte, wenn nicht sogar leicht gereizte Stimmung im Hause. Da war meine Mutter, mit 48 Jahren zur Witwe geworden, indem sie ihr Liebstes hatte zu Grabe tragen müssen, und auf der anderen Seite die Tochter, um mit Schillers Worten zu sprechen, „in der ersten Zeit der gold'nen Liebe." Die Mutter freute sich ja über meine Beziehung zu Peter, aber es kam ihr vor, als hätte ich den Vater allzuschnell vergessen. Dem war aber nicht so. Ich dachte oft an ihn und während vieler Monate konnte ich kaum ein Lied singen, ohne dass mir Tränen in die Augen stiegen. Aber da war eben auch Peter, der eine Saite in meinem Herzen zum Klingen gebracht hatte. Das war ein kaum beschreibbares Geschenk für mich. So waren bei uns zu Hause gegenseitige Toleranz und Einfühlungsvermögen gefragt. Wir versuchten, uns in die Lage des anderen zu versetzen.

Berufungen

Stellungswechsel

Peters langgehegter Wunsch war in Erfüllung gegangen. Er hatte eine feste Anstellung bei der Post erhalten, blieb also in Adelboden. Wir sahen uns regelmäßig. Auf seine Bitte brachte ich ihm das Gitarrenspiel bei und musste feststellen, dass er mich bald überflügelte. Er hatte eine natürliche Begabung dazu, sang gut und hörte jeden Misston. Dieses Talent würde ihm in Zukunft noch oft zugute kommen. Ich war überzeugt, dass er die ideale Ergänzung zu mir sein würde. Von Haus aus war er zu einem vielseitigen Menschen erzogen worden. Wenn sich irgendein Problem stellte, wusste er bestimmt eine Lösung. Seine Fertigkeiten im Tapezieren, Bodenlegen und Gestalten von Gartenanlagen hatte er sich in Genf erworben. Er sprach fließend Französisch und Englisch. Wir tauschten unsere Erlebnisse aus über die Aufenthalte im Welschland und in Großbritannien. Von seinem Vater hatte er einiges mitbekommen an Allgemeinwissen, wusste auf politischer Ebene Bescheid, kannte sich in Astronomie und in der Pflanzen- und Tierwelt aus. Sein Vater war jederzeit bereit gewesen, auf seinen Fußmärschen zu den Häusern oder im Gebirge die Vorgänge in der Natur und am Sternenhimmel zu erklären. Peter war auch von klein auf in die Geheimnisse des Bergsteigens eingeführt worden, kannte sich mit Bergseil, Gletscherpickel, Abseilgeschirr und Karabinerhaken aus. Mit gerade mal acht Jahren bestieg er bereits den Wildstrubel – und in der Folge wohl viele Dutzend Male. Im Alter von elf Jahren wartete er auf einer Höhe von 3 500 Metern auf die Rückkehrer vom Balmhorn. Sie waren noch 200 Meter höher zum Gipfel gestiegen, während er sich von den Strapazen erholte. Später war Peter einmal dabei, als sich einer Holländerin nach neunstündiger Wanderung auf Schnee und Eis die Schuhe buchstäblich auflösten. Das Kriegsmaterial hielt den Anforderungen nicht mehr stand und der schön übertünchte Karton fiel auseinander. Vater Hari entledigte sich kurzerhand seiner Wadenbinden und wickelte sie der Unglücklichen um die Füße. In diesen „Schmugglerschuhen" schaffte sie den Heimweg.

Nun lag aber etwas anderes schwer auf Peters Herz. Er musste dem Vater bekennen, dass er nicht im Tal bleiben, sondern wegziehen würde, um in den Dienst der Heilsarmee zu treten. Es handelte sich bereits um das zweite Kind der Familie, das diesen Weg einschlug. Tochter Elisabeth war einige Jahre früher zur Offiziersschule gegangen. Der Vater war bislang fest davon überzeugt gewesen, dass sein drittjüngster Sohn den Lagerbetrieb weiterführen würde. Auf dem Höhepunkt waren es 10 000 Übernachtungen pro Jahr. Die Unterkünfte befanden sich in sechs eigenen und zwei gemieteten Häusern und einer Scheune. Zeltlager waren auf dem eigenen Gelände aufgestellt. Sie wurden vorwiegend von Jugend-, Schul- und Pfadfindergruppen genutzt. Durch den Umgang seines Vaters mit Jugendleitern, Pfadfinderführern und -führerinnen, Pfarrern und Priestern der Christkatholischen Kirche und anderen kam Peter mit den verschiedensten Persönlichkeiten in Berührung. Fast unbewusst wurde er dabei in Fremdsprachen eingeführt. Da waren Leute aus Marokko, Italien, England, Frankreich, Irland, Belgien, Holland, Schweden, Finnland, Dänemark und auch aus Deutschland. Den größten Anteil stellte Großbritannien.

Es gab enorm viel Arbeit, um die Häuser bezugsbereit zu machen, die Schlafstätten herzurichten – meist Strohsäcke, die jedes Jahr neu gefüllt wurden –, Brennholz für Heizungen und Kochherde bereitzustellen, auch Lebensmittel auf Bestellung einzukaufen und an die Gruppen abzugeben. Nicht zu reden von all den administrativen Arbeiten, die damit verbunden waren.

Mutter Margaritha spielte dabei eine wichtige Rolle. Sie war zehn Jahre jünger als ihr Gatte und war seine einstige Schülerin. Nebst ihrer großen Haushaltung – im Laufe der Jahre schenkte sie vierzehn Kindern das Leben –, legte sie überall Hand an. Sie half gerne beim Heuen mit, begrüßte die Abwechslung und den Aufenthalt im Freien und sog den wohltuenden Geruch von frischem Heu ein. Die Vorräte im Keller wurden von ihr verwaltet. Die Verantwortlichen der Gruppen konnten jederzeit Lebensmittel und Milch aus eigenem Betrieb beziehen. Margaritha gab Auskunft über alles Mögliche und Unmögliche. Sie war die Seele des ganzen Betriebs, der ruhende Fels in der Brandung. Die Ruhe und Zufriedenheit, die sie ausstrahlte, übertrug sich auch auf andere. Sie war eine tiefgläubige Frau, eine Beterin, die ihre geistlichen Wurzeln im Evangelischen Brüderverein hatte. Die Bibel bedeutete ihr viel. Wenn Kinder mit ihren Familien auf Besuch weilten, fand sie immer irgendwann eine Gelegenheit, um mit ihnen zu beten, bevor sie nach Hause zurückfuhren.

Peter packte einen günstigen Augenblick beim Schopf, um dem Vater seine Zukunftspläne mitzuteilen: „Ich weiß, dass du mit mir gerechnet hast, Vater, um dein Unternehmen einmal weiterzuführen, doch kann ich es nicht tun. Ich werde einen anderen Weg geführt. Gott will meinen Vollzeitdienst in der anderen Armee. Im nächsten Jahr wird es wohl so weit sein." Weiter kam er nicht. „Das kannst du mir nicht antun, Peter, das darf nicht sein. Ich würde das nicht ertragen", erwiderte der Vater heftig – und verließ das Zimmer in innerer Erregung. Peter folgte ihm in einiger Entfernung zum Wald. Der Vater begann, Äste von gefällten Bäumen aufeinander zu schichten. Peter trat zu ihm hin, nahm das unterbrochene Gespräch wieder auf: „Vater, du hast Kinder, über die du dich freuen kannst, sie sind gut geraten und finden den Weg im Leben. Du darfst stolz auf sie sein. Was du als dein Lebenswerk betrachtest – du kannst damit rechnen, dass es weiter bestehen wird. Du hast noch zwei jüngere Söhne. Einer von ihnen wird bestimmt bereit sein, das Angefangene weiterzuführen." Doch der Vater musste mit dem eben Gehörten, für ihn Unerwarteten, allein fertig werden. Als Peters Mutter von seinen Plänen hörte, reagierte sie ganz anders: „Ich habe Gott schon lange darum gebeten, dass du gehorsam sein kannst und ihm ein ganzes ‚Ja' gibst. Nun habe ich die Antwort." Später einmal vertraute sie mir an: „Ich freue mich sehr für euch beide, doch was mich betrifft, werde ich Peter vermissen. Er war stets ein fürsorglicher, aufmerksamer Sohn zu mir und die Holzkiste in der Küche war nie leer. Er sorgte immer rechtzeitig für Nachschub."

Für die Fortsetzung des Ferienbetriebs im Bondertal fand sich eine gute Lösung. Nach dem Tod von Vater Hari übernahmen Sohn Mathe und dann Enkelsohn Jürg den Betrieb. Unter dem Begriff „Hari's Chalets“ wird er in der dritten Generation weitergeführt. Vieles wurde modernisiert und ausgebaut. Für Schulen werden Kurse mit den entsprechenden Unterlagen auf verschiedensten Gebieten angeboten.

Mit der Zeit war der Vater stolz auf seinen Sohn Peter, der ihn damals so enttäuschen musste.

Wie packen wir's?

Peter und ich überlegten ernsthaft, wie wir in so kurzer Zeit alles unter einen Hut bringen sollten. Zuerst galt es, sich für die Ausbildung bei der Heilsarmee zu bewerben. Die Antwort kam nicht sogleich, weil wir mit unserer Freundschaft einen Sonderfall darstellten. Es würde der erste Ausbildungsjahrgang sein, in dem neben den Alleinstehenden noch verheiratete Paare dabei waren. Und wir waren weder noch. So stand die Frage im Raum, mich für ein Jahr zurückzustellen und dann erst an der Muristraße in Bern einziehen zu lassen. Die Ausbildungszeit von nur neun Monaten war ja relativ kurz, verglichen mit dem heute mehrjährigen Bachelorstudium. Die Angelegenheit wurde gründlich geprüft und es wurden Erkundigungen über uns eingezogen. Scheinbar waren wir von mehr als einer Seite empfohlen worden. Wir versprachen, unser Bestes zu geben und den Betrieb durch unsere Verliebtheit nicht unnötig durcheinander zu bringen.

Wir würden ja wie in einem Internat leben, was bedeutete, Schule und Wohnen waren im gleichen Haus untergebracht. Die Männer würden in einer Baracke neben dem Hauptgebäude logieren und die Frauen im Haus, ausgenommen die drei Ehepaare. Schließlich kam die Sache ins Rollen und wir erhielten positiven Bescheid. Jeder für sich fing an, alles Nötige für die Ausstattung zusammenzustellen. Gleichzeitig mussten zwölf Bibellektionen im Voraus durchgearbeitet und eingesandt werden.

Daneben nahm – fast – alles seinen gewohnten Lauf. Bei mir zu Hause hatte sich einiges verändert. Der Gedanke daran, dass Vater zuerst sterben musste, um mir den Weg für die Zukunft freizugeben, machte mir Mühe. Doch ließ sich nichts daran ändern. Ich versuchte, damit fertig zu werden. Viel schwieriger war es ja für meine Mutter. Sie unterstützte mich in meinen Vorbereitungen, doch machte es ihr auch zu schaffen, dass ich wegzog. Einmal meinte sie: „Wenn du zu Hause in unseren Verhältnissen durchgehalten hast, wirst du später auch in deinem Dienst als Heilsarmee-Offizierin durchhalten.“ Sie wusste, dass es nicht immer nur ein Honiglecken sein würde.

Mein Bruder Willi hatte an Mutters 50. Geburtstag zum ersten Mal seine Freundin in Frutigen besucht. Über kurz oder lang würde er heiraten und mit seiner fröhlichen jungen Frau im Elternhaus wohnen. Die Aussicht auf spätere Enkelkinder erhellte Mutters oft trauriges Gemüt.

Zurück ins Leben

Es war erstaunlich, wozu sich Mutter allmählich aufraffte. Zu einer Zeit, in der es die *Spitex* für die Hilfe und Pflege zu Hause noch nicht gab, fing sie an, alte und kranke Leute auf freiwilliger Basis zu besuchen. Sie führte verschiedene Arbeiten für sie aus und hielt vereinzelt Nachtwache bei Schwerkranken. Oft schmückte ein Blumensträußchen aus ihrem Garten den Stubentisch ihrer Schützlinge. Da war etwa jenes etwas eigenartige Ehepaar.

Vor allem die kranke Frau hatte es nicht leicht mit ihrem eigensinnigen Partner. Mutter musste den günstigsten Zeitpunkt abwarten, um den Alten die Wohnung in Ordnung zu bringen. Sie erhielt jeweils von der Frau einen Anruf, dass ihr Mann außer Haus sei. Dann machte sie sich blitzschnell auf den Weg, reinigte das Nötigste und musste darauf achten, dass ja alles an seinem gewohnten Platz und nichts verschoben war, wenn er unverhofft heimkehrte. Das hätte sonst ein Gewitter ausgelöst. Die Frau hielt Wache und Mutter musste die Wohnung ab und zu durch ein Hintertürchen verlassen, weil der Ehemann nichts von ihr wissen durfte ...

Mutter erfüllte sich auch einen großen Wunsch. Sie besuchte einen Kurs zur Herstellung von Mustern nach eigenen Körpermaßen. So schneiderte sie Kleider, die genau auf ihre Größe zugeschnitten waren. Auch ich kam in den Genuss ihrer Weiterbildung und durfte maßgeschneiderte Kleider einpacken.

Einige Wochen vor meinem Wegzug meldeten sich Mutters nervöse Herzstörungen vermehrt. Ihre Finger wurden oft ganz steif. Sie fühlte sich auch allgemein nicht in Form. Ich machte mir Sorgen um sie. Konnte ich unter diesen Voraussetzungen wegziehen? Sie versuchte, ihre Krankheitszeichen vor mir zu verstecken. Auf meine Bedenken hin ermutigte sie mich, trotzdem zu gehen. Viel später erst vernahm ich, dass sich eine Frau beim Pfarrer beschwert hatte: „Mutter Wäfler geht es gar nicht gut und ihre Tochter zieht einfach nach Bern und kümmert sich nicht um sie." Vom Geistlichen erhielt sie zur Antwort: „Wenn Gott sie für diesen Auftrag ruft, wird er auch für ihre Mutter sorgen."

Aufbruch zu neuen Ufern

Loslassen

Aus Platzmangel wurde uns geraten, nur das Allernötigste nach Bern mitzunehmen. Wir würden zu Zweit oder sogar zu Dritt ein Zimmer teilen müssen. Von meiner neuen Schreibmaschine wollte ich mich nicht trennen. Sie leistete mir gute Dienste während der Ausbildung. Musikinstrumente, sofern sie nicht zu viel Platz versperrten, würden wir gut brauchen können. Meine neue Bernina Nähmaschine und anderes musste auf günstigere Zeiten warten. Peter verkaufte dem Vater seinen alten VW-Käfer mit getrennter Heckscheibe. Ein Bruder empfand, dass dieser ihm zu viel dafür bezahlt habe. Doch Vater hatte dies freiwillig getan.

Posthalter Rieder schüttelte den Kopf: „Das kann doch nicht wahr sein, dass Peter Hari, der so sehr auf eine feste Anstellung gewartet hat, diese nun einfach wieder fahren lässt." Aber so war es. Auf einem eintägigen Betriebsausflug des gesamten Postpersonals über die Jurahöhen, mit Besuch der Pferdepension in Le Roselet und einem Aufenthalt in Neuenburg am See, wurde Peter verabschiedet. Als seine Freundin durfte ich mit dabei sein. Die Wellen plätscherten ans Ufer. Dasselbe Ufer, an dem ich vor mehr als acht Jahren meinen ersten Aufenthalt fern von zu Hause verbracht hatte und dessen Naturschauspiele mich bereits damals faszinierten. Da saßen wir nun in einem Restaurant, ließen uns kulinarisch verwöhnen und hörten auf Posthalter Christian Rieder. Er bedankte sich bei Peter für seinen zuvorkommenden, zuverlässigen Dienst in Adelboden. Er bedauerte seinen Wegzug und sprach von einer Berufung, welcher Peter im Rahmen der Heilsarmee folgen werde. Er wünschte ihm Befriedigung und gutes Gelingen in der neuen Aufgabe.

Noch einmal auf den Gipfel

Am Himmel blinkten die Sterne an jenem Augustmorgen. Im Schein der Taschenlampe begannen wir in aller Frühe den Aufstieg aufs Albristhorn. Ab und zu fiel eine Sternschnuppe vom Himmel. Der steile Weg brachte uns trotz der Kühle des Morgens ins Schwitzen. Wie gut tat es mir, von Zeit zu Zeit Peters starke Hand zu spüren, wenn es kritisch wurde und ich den Weg nicht mehr sehen konnte. Wir sprachen nicht viel. Jeder hatte mit sich selber zu tun und hing den eigenen Gedanken nach. Nach einigen Tagen mit eher trübem Wetter versprach dies ein strahlender Tag zu werden. Langsam erwachte das Leben. Hier hopste ein aufgescheuchter Hase davon, dort trillerte eine Lerche ihr Morgenlied. Es begann zu dämmern. Mehr und mehr Vögel nahmen am vielstimmigen Konzert teil. Wir zogen an einem kleinen Heuschober vorbei, gefüllt mit frischem Wildheu, das seinen unverwechselbaren Duft von getrockneten Blüten und Gräsern verströmte. Das weckte Erinnerungen.

Weiter oben erreichten wir die Furggialp. Es war noch alles ruhig in und um die Sennhütte herum. Bald würde auch für den Senn das Tagwerk beginnen mit Melken, Käsen und all den üblichen Hantierungen. Beim Aufstieg zum Furggipass beobachteten wir die verstreuten Schafe auf ihrer Futtersuche, die zum Teil zwischen den Felsen herumstiegen. Sie verbrachten hier den Sommer, gehörten verschiedenen Bauern im Tal und waren der Obhut des Senns anvertraut. Er deponierte regelmäßig an einer bestimmten Stelle Salz für die Tiere. Sie waren großzügig von einem Zaun umgeben, damit sie den Kühen weiter unten nicht in die Quere kamen. Es war schon vorgekommen, dass Anfang August die Umzäunung von einer Neuschneelawine weggerissen und neu erstellt werden musste. Vor uns stiegen mehr und mehr Bergketten aus dem Hintergrund auf. Ihre Umrisse wurden immer schärfer erkennbar – ein überwältigender Anblick. An einer Stelle wurde der Horizont heller und heller. Dann musste die Dunkelheit vor den ersten Strahlen der aufgehenden Sonne vollends weichen. Aus dem Kamin der Sennhütte auf der Furggialp kringelte sich ein weißes Räuchlein in die Morgenluft. Göpf Oester war an seiner Arbeit.

Wir gönnten uns einen Zwischenhalt. Peter wischte sich den Schweiß von der Stirn und streckte mir seine Feldflasche entgegen: „Möchtest du auch etwas trinken, Hildi? Mit dem Essen warten wir noch. Ich halte mich an die Weisungen meines Vaters, der uns auf halbem Weg höchstens zwei, drei Dörrfrüchte erlaubte.“ Die gab es dann auch, bevor wir weiter hinaufkraxelten. Der Weg wurde steiniger, holpriger, wenn es denn überhaupt noch einen Weg gab. Vielfach konnten wir ihn selbst wählen und mussten dann über Felsbrocken klettern. Ich hielt mich an Peters Ferse. Er kannte sich bestens aus. Kurz vor dem Gipfel zog ein Steinadler mit seiner Flügelspannweite von mehr als zwei Metern seine erhabenen, ausgewogenen Kreise durch die Lüfte. Dann hatten wir das Ziel erreicht, den Gipfel mit dem Steinhaufen und dem daraus ragenden

Kreuz. Peter beglückwünschte mich zum gut dreistündigen Aufstieg und den 1300 Metern Höhendifferenz, die ich geschafft hatte. Dann gab es eine herzliche Umarmung. Nicht nur deswegen hatte sich die Mühe gelohnt. Uns bot sich von hier oben eine wunderbare Aussicht. Hinter uns lag das Simmental, direkt unter uns der Kurort Lenk, vor uns unser Heimattal mit den verzweigten Nebentälern. Unten im Stiegelschwand entdeckten wir das Jugendhaus der Heilsarmee. Eben war ein Lager in Gang. Vereinzelte Töne der jugendlichen Bläser, die für ihr Konzert übten, drangen bis zu uns herauf.

Ja, und da war mein lieber Bärenschwand. So viele schöne Erinnerungen der letzten mehr als zwanzig Jahre zogen an mir vorbei: Schlafen im Heu, der beißende Rauch in den Augen beim Kochen im Freien, das Windelwechseln des jüngeren Bruders auf den Heustoppeln und viele andere Ereignisse. Jetzt war gerade unser Pächter mit seiner Familie daran, das Heu einzubringen. Der Anbau, den Vater ausgeführt hatte, durfte jederzeit von unserer Familie benutzt werden. Wir spürten, wie verwurzelt wir mit dem Tal und seiner Bevölkerung waren. Peter kannte jedes Haus, jede Familie durch seine Botengänge – zuerst zu Fuß, dann mit dem Motorrad oder manchmal auch spät abends mit dem gelben Citroën der Post, wenn es um Expresspakete oder Briefe ging. Er war jeweils einer der Ersten, der um Geburten oder Todesfälle wusste und auch um pastellfarbene Briefumschläge ...

Wir konnten uns nicht satt sehen an den weißen Gipfeln der Waadtländer-, der Walliser- und natürlich der Berneralpen, vorab der Blüemlisalp mit Eiger, Mönch und Jungfrau. Beim Essen des Picknicks hatten wir gute

Gesellschaft. Die Bergdohlen kamen vertraulich näher und pickten mit ihren gelben Schnäbeln dankbar nach den hingeworfenen Brocken.

Dann trugen wir uns mit Namen und Datum ins Gipfelbuch ein. Wir fügten Worte aus Psalm 121 hinzu: „Ich hebe meine Augen auf zu den Bergen, woher kommt mir Hilfe? Meine Hilfe kommt von dem Herrn, der Himmel und Erde gemacht hat!" Es war Zeit, die Wanderung fortzusetzen und die stundenlange Gratwanderung zu beginnen. So weit das Auge reichte, führte unser Weg durch eine Steinwüste, die bei näherem Hinsehen lebte. Hier goldgelbe Gemswurz in einer Felsnische, dort einige Alpenastern beieinander mit ihren schmalen lilafarbenen Blütenblättern und gelber Mitte. Bewimperter Steinbrech wuchs eher unscheinbar unter den Steinen hervor. Wir entdeckten dicht über dem Boden den weißen Gletscherhahnenfuß mit seinen kleinen, weißen Bechern, die mit einer zarten Tönung in Rot umrandet waren. Da waren auch verschiedene Gräserarten – nicht zu vergessen das Alpenleinkraut in Lila mit dunkelgelber Oberlippe und handfestem Grün. Woher nahmen diese Pflänzchen die Erde zum Überleben, die Kraft, den rauen Winden standzuhalten? Und sogar hier auf 2760 Metern Höhe flatterten Alpengelblinge anmutig von Blume zu Blume. Beim langsamen Abstieg bot sich uns die ganze Zeit eine fantastische Weitsicht.

Beim Weiterwandern wurde uns klar, dass dies vorläufig der letzte Ausflug dieser Art sein würde. Wir würden uns ans Stadtleben gewöhnen müssen, an den Verkehrslärm, ans Zusammenleben mit Vielen auf engstem Raum. Wir gingen einer abenteuerlichen Zukunft entgegen, voller

Gipfelkreuz auf dem Albristhorn.

Überraschungen. Nicht, dass es uns bisher an Abwechslung gefehlt hätte. Auch harte Arbeit war uns vertraut. Doch jetzt würden wir mit anderen Problemen konfrontiert werden. Wir freuten uns darauf, uns diesem Leben und seinen neuen Herausforderungen zu stellen. Uns war klar, dass wir unsere persönlichen Wünsche erst einmal zurückstellen müssten. Die Ausbildung hatte in den nächsten neun Monaten Vorrang und dann erst durften wir nach einer Praktikumszeit an ein Leben zu Zweit denken und daran, eine eigene Familie zu gründen.

Für unsere schöne, wenn auch oft entbehrungsreiche Kindheit und Jugendzeit waren wir dankbar; auch für die Geborgenheit im Elternhaus und für Vorbilder im christlichen Glauben. Wir fühlten uns reich beschenkt und waren voller Erwartungen auf das Kommende.

Stunden später traten wir auf weicheren, landigen Boden und konnten auf einen langen Höhenweg zurückblicken. Hier machten wir erst einmal Pause. Als wir uns später mit sperrigen Beinen wieder vom Boden erhoben, half mir Peter und meinte: „Wenn man dich hat, hat man viel." Es war eine Liebeserklärung nach Bergler Art – wenige Worte, die lieber Taten folgen lassen. Ich hatte sie verstanden und sie tat mir bis ins Innerste wohl. Das letzte Stück Abstieg konnte beginnen.

Fahrt mit Hindernissen

Als wir wenig später unsere Reise nach Bern antraten, waren wir zu Dritt. Eine junge Frau aus Peters Nachbarschaft begann gemeinsam mit uns die Ausbildung bei der Heilsarmee. Zwei ihrer Brüder und eine Schwester waren bereits seit einigen Jahren diesen Weg gegangen und in verschiedenen Verantwortungen tätig.

Peter erhielt für diese Fahrt den alten VW-Käfer vom Vater. Von den Lohner-Flühen herab winkte das Abendrot der untergehenden Sonne. Sie würde hier am nächsten Morgen wieder aufgehen. Die Berge und ihre Bewohner ließen sich von unserem Weggang nicht beeindrucken.

Auf halbem Weg nach Frutigen wäre unsere Reise beinahe gescheitert. Wir passierten eine Straßenbaustelle. Etwas war nicht in Ordnung mit unserem schwer beladenen Auto. Peter hielt an und stellte fest, dass sich ein Rad zu lösen begann. Durch einen Schlag oder die allgemeine Erschütterung war ein Splint herausgefallen. Auf der Baustelle lag ein langer, dicker Nagel am Boden. Peter lieh sich ein Werkzeug, zog den Nagel anstelle des Splints ein und bog ihn dann um. Es war natürlich bloß ein Notbehelf. Vorsichtig fuhr er mit seiner Ladung weiter. Trotz aller Hindernisse erreichten wir rechtzeitig unseren Bestimmungsort.

Kommen und Gehen

Mehr als 40 Jahre sind seitdem vergangen. Wir haben an vielen verschiedenen Orten in der Schweiz gelebt und gearbeitet. Wir haben so manchen schönen Fleck auf unserer Erde kennen gelernt.

Doch jetzt sind wir wieder gerne zurückgekehrt in unsere alte, geliebte Heimat Adelboden. Wir leben nun in der Scheune im Bärenschwand, die mein Vater vor langer Zeit mit Mut und Geschick erweitert hat.

Natürlich hat sich die Scheune seit damals verändert, wie so vieles in unserem eigenen Leben und unserer Heimat. Manches ist verschwunden, anderes kam neu hinzu. Menschen haben uns verlassen, andere sind neu in unser Leben getreten.

Was aber heute noch so frisch und lebendig ist wie in unserer Kindheit und Jugend, das ist unser ehrfürchtiges Staunen über die herrlichen Berge, die wir jeden Tag neu vom Bärenschwand aus betrachten können, und unsere Dankbarkeit gegenüber unserem Gott und Schöpfer, der uns ein Leben lang seine Treue erwiesen hat.